KB067281

리더의 일

리더의 일

조직을 일하게 만드는 리더는 무엇이 다른가

박찬구 지음

INFLUENTIAL
인플루엔셜

✳ 차례

당신은 어떤 버스에
타고 있는가

몇 년 전 페이스북에 다음과 같은 글을 올렸다.

아침에 신입사원 스무 명이 첫 출근하는 날이라고 인사를 왔다.
다음 질문에 대해 한 사람당 30초 동안 이야기를 해보라고 했다.

- 첫 출근하면서 무엇이 가장 기대되는가?
- 어떤 일이 주어질 것 같은가?
- 해보고 싶은 일은 무엇인가?
- 근무 부서는 어떤 분위기일 거 같은가?'

신입의 설렘과 긴장이 느껴지는 대답을 들었다. 대표로서 한마디 하지 않을 수 없었다. 한 가지만 당부하겠다고 했다.

"회사에 '이따위 일'이란 없습니다. 소속 부서에 가면 '내가 이따위 일 하려고 회사에 들어왔나.' 하는 자괴감이 들지도 모릅니다. 그러나 아무리 하찮아 보이는 일이라도 의미가 없는 일은 없습니다. 단순한 복사에도 엄청난 의미가 있습니다. 일의 의미는 일을 시키는 사람이 주는 것이 아니라 일하는 사람이 찾는 것입니다."

MZ세대뿐만 아니라 모든 직장인에게 퇴사는 로망이다. 퇴사에 대한 책이 쏟아지고, 퇴사를 준비하는 퇴사학교도 생겼다. 취준생에 이어 퇴준생이라는 용어도 등장했다. 글자 그대로 퇴사(退社)는 지금 몸담고 있는 직장을 떠나는 일이다. 요즘 세대에게는 기업 조직을 떠나 빡빡하지 않은 다른 곳에서 자신이 하고 싶은 일을 하는 것을 의미하기도 한다. 공무원이 되거나 자영업을 준비하거나 자신의 아이디어로 창업하기도 한다.

평생 직장은 오래 전에 사라지고, 이제 대퇴사의 시대가 도래했다. 이런 시기에 조직의 리더로 살아남는 것은 무의미하다고 생각하는 사람도 있을 것이다. 매년 승진하는 임원 중 절반 이상은 2년 내 임기를 채우지 못하고 퇴사한다. 그렇다고 해서 리더가 되지 못하고 조직의 구성원으로 오래 살아가는 것이 쉬운 일은 아니다. 연차가 쌓여갈수록 우리는 원하지 않더라도 리더의 자리에 오르게 되며, 퇴사를 꿈꾸지만 어쩔 수 없이 조직을 이끌어가야 할 때가 찾아온다.

나는 지금까지 오랜 시간 경영자로 일하다 현재는 경영자 코치로 일선의 리더들을 만나고 있다. 그때마다 공통적으로 듣는 이야기가 있다.

"누구도 리더의 일이 무엇인지 가르쳐주지 않았습니다."

그렇다. 생각해보면 나 역시도 처음 팀장이 되었을 때, 본부장이 되었을 때, 대표가 되었을 때 아무도 내가 해야 할 일이 무엇인지 이야기해주지 않았다.

우리 사회는 매뉴얼 없이, "이 없으면 잇몸으로"라는 말처럼 구성원의 열정과 노력으로 성장해왔다. 세상의 많은 리더가 자신의 열정과 노력으로 '리더의 일'을 만들어왔으며, 그 노력의 결과 조직은 성장해왔다. 누군가 리더의 일을 알려주었다면 나는 좀더 좋은 리더가 되지 않았을까. 회사는 좀 더 발전적으로 성장하지 않았을까. 이런 생각을 바탕으로《리더의 일》을 쓰게 되었다.

이 책은 총 13개의 장으로 되어 있다. 각 장은 리더와 구성원들의 고민을 바탕으로 리더의 일을 정의해보고자 했다. 각 장 안에는 경영자로서, 리더로서, 경영자 코치로서의 경험을 바탕으로 현장의 리더들에게 제안하는 코칭들을 담았다. 어떤 인재로 조직을 채울 것인지부터 어떻게 화를 낼 것인지, 그리고 이직과 퇴사까지 리더로서 할 수 있는 고민들을 경영자 코치의 입장에서 이야기하고자 했다.

경영학자인 짐 콜린스$^{Jim Collins}$는 자신의 책 《좋은 기업을 넘어 위대한 기업으로$^{Good to Great}$》에서 "맞는 사람을 버스에 태우라$^{Get the right people on the bus}$."라고 말한다. '사람이 먼저, 사업은 그 다음$^{First Who, Then What}$'이라는 생각을 설명하기 위해서였다. 이는 어떤 사람을 조직의 구성원으로 맞아들이느냐가 어떤 사업을 하느냐보다 더 우선해야 한다는 이야기이다. 맞지 않는 사람을 버스에서 내리게 하고 맞는 사람을 버스에 태우면 버스가 가야할 곳이 분명해지고 방향을 바꾸기도 쉽다.

그러나 오너 경영자가 아닌 이상(아니 오너라 할지라도) 조직이라는 울타리 안에서 내가 탄 버스에 내가 원하는 사람만을 태울 수는 없는 노릇이다. 하지만 같은 버스에 타고 있는 사람들에게 양해를 구하고 목적지를 바꾸거나 중간에 휴게소에서 쉬어갈 수도 있을 것이다. 그것이 바로 리더로서의 리더십이 발휘되는 순간이다.

최근 어느 강연에서 "직장과는 썸만 타라."라는 말을 들었다. 맞다. 직장과는 사랑에 빠질 필요가 없다. 이 버스가 어디로 가는지 알고 탔어도 중간에 목적지를 바꾼다면 내릴 준비를 해야 하기 때문이다. 이 책을 읽는 당신은 이미 리더이거나 곧 리더가 될 사람, 그리고 리더를 꿈꾸는 사람일 것이다. 성공과 성과라는 목적지를 두고 달려야 하는 버스가 당신 앞에 서 있다. 당신은 운전사가 될 수도 있고, 승객 중 한 사람이 될 수도 있다. 어떤 버스를 타고 어떤 목적지에 다다를 것인지는 오롯이 당신의 몫으로 남아 있다.

1장

리더는
혼자
일하지 않는다

팀장 승진 후 야근이 줄지 않는
김 팀장 이야기

중견 건축설계회사의 전략기획팀을 총괄하는 김 팀장은 입사한 지 12년 만에 팀장이 되었다. 김 팀장은 설계사업부 출신으로 다양한 부서를 거치며 업무 경험을 쌓아 사내에서는 차기 임원감으로 꼽히고 있었다. 게다가 전략기획팀은 회사의 핵심 인재가 모여 있는 팀이었다.

팀장이 되면 부서의 성과를 책임지게 되고 구성원들을 평가하게 된다. 김 팀장은 승진의 기쁨을 누릴 새도 잠시, 예상치 못한 고민에 빠졌다. 일에 대한 팀원들의 열정이나 업무 완성도가 그의 기대에 훨씬 미치지 못했던 것이다.

팀 구성원의 일하는 수준에 만족하지 못하니 모든 일을 일일이 챙길 수밖에 없었다. 업무 지시를 할 때에는 화이트보드에 일의 순서를 플로우차트로 그린 후 단계별로 해야 할 일의 상세한 내용을 적어가면서 구체적으로 지시했다. 중간 점검도 수시로 했고, 제출해야 할 보고서는 오탈자까지 꼼꼼히 챙겼다.

15명 팀원이 진행하고 있는 업무를 직접 챙기다보니 매일 밤 10시가 넘어서야 퇴근할 수 있었다. 주말에도 근무하는 날이 늘어갔다. 팀장이 된 후 가족과 저녁식사를 한 기억이 없다. 김 팀장이라고 늦게까지 일하는 것을 좋아해서 그러는 것은 아니었다.

리더가 직접 실무를 하면 벌어지는 일
구성원의 업무 역량

팀장이 되고 나니 직원들의 업무 완성도가 기대에 미치지 않는다는 하소연을 종종 듣는다. 일을 맡기고 지켜보기가 힘들다는 것이다. 마감 기한이 있는 일인데다가 본인이 나서면 쉽게 해결될 일을 팀원들이 끙끙 싸매고 고민하는 것을 두고 보는 것은 팀장으로서 직무 유기라고 생각한다. 코칭을 위해 만난 김 팀장도 마찬가지였다.

"팀장님은 리더가 어떤 일을 해야 한다고 생각하십니까?"

"리더란 성과를 내야 합니다. 조직을 앞장서서 이끌고, 비전을 불어넣어야 합니다. 자신이 직접 일하기보다 구성원들이 일하도록 해야 하고요. 그래서 인재를 육성해야 합니다."

그는 팀장의 역할을 잘 알고 있었다. 다만 제대로 실행하지 못했을 뿐이었다.

"팀장님이 말씀하신 내용 중에 제가 생각하는 리더의 정의가 있네요. 저는 리더란 '다른 사람을 통해 성과를 내는 사람'이라고 생각합니다."

미국 40대 대통령 로널드 레이건Ronald Reagan은 대통령 출마를 선언한 직후 CBS의 시사 프로그램 〈60분60 Minutes〉과의 인터뷰에서 "위대한 리더가 반드시 위대한 일을 하는 것은 아니다. 위대한 리더는 국민이 위대한 일을 하도록 만드는 사람이다."라고 말했다. 대통령이 되겠다고 나선 사람이 위대한 일은 대통령이 아니라 국민이 할 거라고 말한 것이다

조직에서도 리더는 일하는 사람이 아니다. 리더는 다른 사람, 즉 구성원을 통해서 일하는 사람이다. 리더가 직접 일해야 하는 조직이라면 리더 개인의 업무 능력만큼만 성과를 내게 될 것이다. 구성원 모두의 합이 성과가 될 수 있도록 만드는 것이 바로 리더의 일이다.

업무 능력이 뛰어나서 승진했으니 리더가 구성원보다 일을 잘하는 것은 당연하다. 그렇기 때문에 일의 완성도에 대한 리더의 기대 수준은 구성원의 업무 역량으로 충족되지 못할 때가 많다. 기대 수준을 맞추려면 리더가 직접 일하거나 구성원의 업무 역량을 리더와 같은 수준으로 끌어올려야 한다.

그렇지만 구성원의 업무 역량이 갑자기 좋아질 리 없다. 그래서 급할 때는 김 팀장처럼 직접 일하게 된다. 리더가 대신 일한다면 구성원이 일을 배울 기회가 있을까? 구성원의 일솜씨가 불안하더라도 리더는 꾹 참고 믿고 맡겨야 한다. 일을 맡기지 않으면 구성원이 배울 수 없고, 일을 배울 수 없다면 업무 능력은 향상되지 않는다. 결국 리더가 직접 일을 해야 하는 악순환이 반복된다.

구성원의 수준을 끌어올리려면 어떻게 해야 할까. 일에 대한 기대 수준을 잠정적으로 낮추고 실수를 용인해야 한다. 자전거 타는 법을 가르칠 때와 비슷하다. 처음에는 중심을 잡지 못한 채 페달을 밟고 비틀대지만 뒤에서 안장을 잡아주면 앞으로 잘 나갈 수 있다. 실수나 부족함을 받아들이고 지지해주지 않는다면 구성원은 일을 배울 수 없다.

직원들의 업무 능력에 대한 고민을 토로하는 김 팀장에게 지시하듯이 말했다. (사실 코치는 고객에게 '하라, 마라' 하지 않는다.)

"팀장님, 내려놓으십시오. 그냥 팀원들을 믿고 맡겨보십시오."

같이 일하는 사람들이 성과를 내게 하라
리더의 정의

"대표님, 리더의 정의가 무엇이라고 생각하십니까? 리더는 어떻게 일하는 사람인가요?"

처음 리더십 코칭을 받던 날 자리에 앉자마자 K코치가 질문했다. 갑작스러운 상황에 입이 잘 떨어지지 않았다.

"리더요? 어…… 직원들을 이끌어야 합니다. 조직에 비전을 제시해야 하고요. 자신이 직접 일하기보다는 직원들이 일을 잘할 수 있도록 도와주어야 합니다."

K코치는 미소를 짓더니 화이트보드에 문장 하나를 썼다.

Leaders are those who make it happen through other people.
리더는 다른 사람을 통해 성과를 내는 사람이다.

"리더는 자신이 직접 일하는 사람이 아닙니다. 같이 일하는 사람들이 성과를 내도록 하는 사람입니다. 박 대표님, 이 말을 꼭 기억해두십시오."

리더는 일하지 않는다. 문장 그대로 일을 하지 말라는 의미는 아니다. 리더가 되면 실무자에서 벗어나 '리더의 일'을 해야 한다. 하지만 대부분의 리더는 김 팀장처럼 이전보다 더 많이, 더 열심히 자신의 일을 해야 한다고 오판한다. 더 많이, 더 열심히 일해야 하는 것은 맞다. 하지만 리더의 일이란 많은 실무를 하는 것도, 모든 직원의 일을 확인하고 부족한 부분을 대신 채우는 것도 아니다.

리더란 직접 일하지 않고 '남을 통해 성과를 내는 사람'이다. 이 의미를 담아 처음 문장을 고쳐본다.

리더는 혼자 일하지 않는다.

그렇다면 '혼자 일하지 않는 리더'가 되려면 어떻게 해야 할까? 가장 먼저 해야 할 일은 구성원에게 일을 믿고 맡기는 것이다. 구성원을 신뢰하고 일을 맡기기 위해서는 구성원의 역량이 준비되어야 한다. 구성원의 역량이 원하는 수준에 도달하려면 실패와 실수를 통해 배울 수 있는 시간이 필요하다. 그 시간을 위해 리더는 자신의 기대 수준을 낮추고 구성원의 계발에 힘을 기울여야 한다.

처음으로 CEO가 되고 1년이 채 지나지 않았던 때의 일이다. 당시 재직하고 있던 회사는 동종 업계에 비해 매출이 크지는 않았지만 다양한 사업을 하고 있었다. 1,050명의 임직원에 7개의 사업부, 55명의 팀장이 있었다. 부서가 많으니 보고도 많았고 일도 많았다. 한마디로 "가지 많은 나무에 바람 잘 날이 없다."라는 말이 딱 들어맞는 경우였다. 일정표는 회의와 보고로 꽉 차 있었고 한 달에 한두 번 해외 출장과 함께 공장에서도 두세 차례 행사와 회의가 있었다. 출근 후에 커피 한 잔 마시는 시간을 제외하고는 항상 회의 중이었다.

나는 기획과 재무 담당 임원을 거쳐 CEO로 승진해 회사 전반에 대해서 잘 알고 있었지만, 각 사업부에서 벌어지는 일까지 상세히 파악하기란 어려웠다. 그래서 일부러 임원이나 팀장 들의 크고 작은 보고를 빼놓지 않고 받았다. 내게는 공부가 되고, 부서장과 임원 들 입장에서는 신임 대표에게 부서의 상황을 알릴 수 있는 기회라고 생각했다. 부서장과 임원의 보고를 받으면서 이런저런 이야기를 나누는 것이 재미있기도 했다.

경영자로 일하기 전에는 기술연구소의 연구원을 거쳐 기획실, 경제연구소의 연구원, 경영 컨설턴트 등 여러 경력을 거쳤다. 특히 경영 컨설턴트로 일하면서 다양한 업종의 고객사와 다양한 문제를 다루어볼 수 있었다. 한 분야에서 성장한 임원에 비해 잡지식이 많은 편이어서인지 보고를 받으면서 내가 알고 있는 것을 전달하고 지시할 수 있었다. 한마디로 잘난 척하는 재미에 빠져 있었다.

이런 상황이니 항상 일이 많고 바빴다. 종일 회의를 하다가 오후 5시가 가까워지면 축 늘어졌다. 몸도 지쳤지만, 머리도 잘 돌아가지 않았다. 그런 내가 안쓰러웠는지 비서인 A대리는 가끔 잔소리를 했다. "대표님, 회의를 좀 줄여보세요." 나는 눈을 반쯤 감은 상태에서 답하고는 했다. "대표가 왜 대표겠어요. 하나하나 다 살펴야 하니 회의가 많은 게 당연한 거지."

말인 즉, 그럴듯했다. CEO는 회사에서 일어나는 일을 샅샅이 알아야 하니 바쁜 것이 당연하다고 생각했다. 그런 중에도 "리더는 다른 사람을 통해 성과를 내는 사람이다."라는 K코치의 말이 가끔씩 떠올랐다. 내가 이렇게 바쁜 게 정상인가? 바쁜 이유가

뭘까? 나는 정말 내가 해야 할 일을 하고 있는가?

리더가 일을 줄이니
오히려 조직이 잘 돌아가더라
리더십의 시작

CEO가 되고 2년이 가까워질 때였다. 자금난을 겪던 지주사가 법정관리에 들어가면서 회사에도 위기가 닥쳤다. 은행들은 계열사에도 리스크가 있다고 판단해 대출을 회수하거나 연장을 거부했다. 일부 협력업체도 원·부자재 공급을 중단하거나 외상 한도를 줄였다. 재무적으로 지주사와 독립적으로 운영되었지만, 세상은 그렇게 여기지 않았다. 회사의 현금은 줄어들고 직원들은 불안해했다.

매일 아침이면 관련 임원들이 모여 자금 상황과 함께 은행, 협력업체와 고객의 반응을 살피고 대처하기에 정신이 없었다. 하루가 어떻게 지나가는지도 몰랐다. 회사의 생존에 영향을 미치는 의사결정은 물론, 조직 구성원의 사기나 고객과 협력업체의 회사에 대한 신뢰에 영향을 미치는 일은 아무리 작은 일이라도 직접 빠르게 결정을 내려야 했다. 각 사업의 일상적인 보고를 받기

는커녕 내가 해야 할 일만 하기에도 바빴다. 그렇지만 회사는 잘 돌아갔다. 보유 현금이 줄어들기는 했지만, 꾸준히 흑자를 냈다. 거참, 사장이 일일이 챙기지 않아도 회사는 잘 돌아갔다.

결국 회사는 성공적으로(?) 매각되었다. 지주사의 법정관리부터 매각이 완료되는 1년 반 동안 깨달았다. 일은 리더가 하는 것이 아니라는 것을. 회사가 위기에 놓였던 기간에 일상 업무는 절반밖에 되지 않았다. 나머지 시간은 위기에 대한 대처와 회사 매각과 관련한 일로 채워졌다. 임원이나 CEO는 전략적인 일에 집중해야 한다고들 하는데 그 전략적인 일이 무엇인지 몸으로 느꼈던 시간이었다.

나는 위기를 통해 '리더의 일'이 무엇인지 알게 되었다. 리더는 모든 것을 파악하고, 모든 일을 해야 하는 사람이 아니었다. 자신이 꼭 해야 하는 일만 하는 사람이었다. 다른 사람을 통해 일하고, 그 과정을 통해 자신의 성과를 낼 수 있었다.

경영자 코칭에서 다루는 주제는 직급과 상관없이 비슷하다. 사장의 고민과 상무의 고민, 팀장과 대리의 고민이 크게 다르지 않다. 그중 가장 많은 주제가 리더 스스로 너무 일을 열심히 하다가 부딪힌 어려움이다.

구성원의 일에 대한 기대 수준을 낮추어 업무의 완성도가 잠시 떨어지는 것은 조직을 이끄는 입장에서 자존심이 상하는 일일지도 모른다. 하지만 중요한 것은 팀 역량의 총합과 구성원 개인 역량의 하한선이다. 우리 팀은 '신입사원도 이 정도는 한다.'는 것이 팀장의 자존심이다. 그러니 잠시 내려놓고 업무 역량을 키울 기회를 주어야 한다.

코로나19로 외부 접촉이 금지되어 두 달이 지나서야 김 팀장을 만나게 되었다. 처음과 다르게 그의 표정이 밝았다.

"요즘 업무를 지시하면서 일의 제목만 주다시피 하고 있습니다. 일의 목적과 목표만 공유하고 어떻게 실행할지는 자세히 말하지 않고 있습니다."

"팀원들의 업무 성과가 팀장님의 기대 수준과 얼마나 차이가 나던가요?"

"개인차는 있지만 제 기대의 80퍼센트는 하더라고요. 생각보다 잘 진행하고 있어서 마무리 정도만 점검하면 됩니다. 말씀하신 대로 기대 수준을 잠시 낮추는 것이 큰 도움이 됐습니다."

결국 리더십은 일을 내려놓는 데서 시작된다. 리더가 되는 것은 일을 하지 않는 것에 익숙해지는 것이다. 리더는 일을 하지 말아야 한다? 말해놓고 나니 참 이상한 말이다.

✓ 체크포인트

- 리더는 일하지 않는다. 리더가 되면 실무자에서 벗어나 '리더의 일'을 해야 한다.

- 리더는 '혼자' 일하지 않는다. 리더란 다른 사람을 통해 성과를 내는 사람이다.

- 중요한 것은 팀 역량의 총합과 구성원 개인 역량의 하한선이다. 리더는 조직의 구성원이 업무 역량을 키울 기회를 주어야 한다.

- 구성원의 업무 수준을 끌어올리려면 기대 수준을 잠정적으로 낮추고 실수를 용인해야 한다.

세상의 많은 리더가

자신의 열정과 노력으로 '리더의 일'을 만들었고,

그 노력의 결과 조직은 성장했다.

누군가 리더의 일을 알려주었다면

나는 좀 더 좋은 리더가 되지 않았을까.

회사는 좀 더 발전적으로 성장하지 않았을까.

2장

리더의
일을 하라

대표는 어떤 자리인지 고민하는
최 대표 이야기

외국계 컨설팅 회사 출신으로 자신의 컨설팅 회사를 운영하는 최 대표는 업계에서 일 잘하기로 소문이 자자했다. 그가 회사를 떠난다는 소식에 여러 회사에서 자리를 제안할 정도였다. 그러나 그는 자신의 특기를 살려 컨설팅 회사를 차렸고, 탁월한 통찰력과 꼼꼼한 일처리를 바탕으로 사업은 승승장구하고 있었다.

그의 회사는 마침내 대형 클라이언트인 A통신사의 프로젝트를 수주하게 되었다. 중요한 거래를 성공적으로 진행하고 싶은 마음에 더욱 더 많은 공을 들였다. 회사에서 가장 경험이 많은 김 부장에게 프로젝트 매니저를 맡겼고, 본인도 매일 아침 A사로 출근해 프로젝트 팀 회의에 참석하는 등 일의 진행을 꼼꼼하게 체크했다.

최 대표가 신임하는 김 부장은 실력 있는 컨설턴트였다. 프로젝트를 시작하면서 일의 목표, 접근 방법 정도만 이야기해주었지만, 김 부장은 팀원들과 효율적이면서도 구체적인 계획을 수립했고, 정보 수집, 분석, 고객과의 소통, 보고서 작성 등 컨설팅 프로젝트의 전반적인 과정을 능숙하게 이끌었다.

첫 중간 발표를 앞두고 프로젝트 사무실로 출근한 최 대표에게 김 부장은 발표할 보고서를 검토해달라고 내밀었다. 보고서를 찬찬히 읽어보았다. 손댈 곳 없이 완벽했다. 중요한 보고서를 검토했으니 대표로서 좀 도움이 되어주어야겠다는 생각이 들었다. 고칠 곳이 없었지만 그대로 돌려주기도 멋쩍었다. 수정할 부분을 억지로 찾아 고쳐보았다. 역시 김 부장이 처음에 쓴 것이 나았다.

보고서를 그대로 돌려주며 말했다. "잘했어. 김 부장이 다 알아서 진행해도 되겠네." 김 부장을 격려하는 말이었지만, 내심 대표로서 이 프로젝트에서 자신의 역할이 없는 것 같아 서운한 마음이 드는 이중적인 말이었다.

리더의 밥값은 어떻게 결정되는가
리더의 역할

코칭을 하기 위해 만난 최 대표는 성공적인 프로젝트와는 다르게 풀이 죽어 있었다. "프로젝트는 잘 마무리되었지만 회사에서의 제 역할이 무엇인지 고민하게 만드는 계기가 되었습니다. 김 부장이 일을 잘 해낸 게 자랑스러웠지만 제가 한 일이 없다는 사실이 계속 마음에 걸리더라고요."

최 대표가 허탈해한 이유는 무엇일까. 리더로서 할 일을 명확히 알지 못했기 때문이다. 그는 본인이 직접 업무를 하거나 직원들을 도와주지 않으면 프로젝트에 기여하지 않는다고 생각했다. 코칭 현장에서 만나는 많은 리더가 업무를 직접 하지 않거나 도와주지 못하면 불안하게 생각한다. 그 이유는 무엇일까. 일을 하는 것만이 기여하는 것이라는 일종의 '밥값' 마인드에서 벗어나지 못했기 때문이다.

리더의 일이란 무엇일까. 회사의 비전을 만들고 구성원을 동기부여한다? 맞는 말이다. 그렇지만 비전과 동기부여는 장기적인 계획이지 다음 주까지 보고해야 하는 지금 당장의 일이 아니다. 조직에서 일하는 리더와 구성원의 일은 구체적인 목표와 기한이 정해진 프로젝트나 태스크가 더 많다. 이런 일상에서 리더는 어떤 일을 해야 할까.

리더의 첫 번째 일은 '시작하기'이다. 회사의 모든 일은 리더에게서 시작된다. 별다른 지시 없이 일상적으로 반복되는 업무도 있다. 인사팀의 급여 담당은 팀장의 지시가 없어도 매달 급여를 계산해서 지급하고, 정기적인 업무는 별다른 지시 없이 이루어진다. 그렇지만 새로운 수당의 도입을 검토하거나 해오던 일을 개선하는 업무는 팀장의 지시 없이는 수행하지 않는다. 이렇듯 조직의 많은 업무가 리더의 지시에서 시작된다.

리더의 두 번째 일은 '직접 하기'이다. 직원이 해도 되는 업무를 리더가 혼자서 또는 직원과 같이 수행하는 경우이다. 영업사원일 때 담당하던 큰 고객사 한두 곳을 영업팀장으로 승진한 이후에도 맡거나 편집장으로 승진한 뒤에도 유명 저자의 책을 직접 관리하는 일도 있다. 워커홀릭이나 사교성이 좋은 리더들이 대체로 이렇다.

리더의 세 번째 일은 '도와주기'이다. 업무를 지시받은 직원에게 업무 지식이나 방법에 대해 조언하거나 도와준다. 부서 내에서 업무의 최고 전문가는 부서장인 경우가 많다. 회사는 일하는 사람들의 집단이지만 경력이 길지 않은 직원이나 그 업무를 처음 해보는 직원에게 부서장은 최고의 선생이 될 수 있다.

리더의 네 번째 일은 '결정하기'이다. 업무상 발생하는 주요 의사결정과 최종 결정은 리더가 한다. 물론 업무를 진행하면서 부딪히는 작은 결정은 구성원이 직접 판단하기도 한다. 하지만 업무의 최종 결정은 리더의 몫이다.

예를 들어, 마케팅 팀에서 이번 신규 사업 마케팅 예산의 50퍼센트를 온라인 홍보에 쓰기로 하고 업체를 선정한다고 하자. 해당 업무를 진행하는 많은 회사 중에 후보 업체를 선정하는 것은 담당자의 일이다. 담당자는 선정 기준에 따라 후보를 평가하고 비용을 협상한다. 그렇지만 결국 어느 회사로 선정하느냐는 담당자 개인이 하는 것이 아니라 팀 차원에서, 즉 마케팅 팀장이 정한다. 결정할 때 구성원의 의견을 듣기도 하고, 의견이 엇갈리면 다수결로 정할 때도 있지만(권하고 싶지 않은 방법이다.) 결정은 부서장이 한다.

리더의 마지막 일은 '끝내기'이다. 일이란 끝내지 않으면 끝나지 않는다. 리더가 끝내자고 선언하지 않으면 구성원들은 계속 일할 수밖에 없다. 일이 계속되면 구성원은 지치고 시간과 돈은 낭비된다. "좀 두고 봅시다." 또는 "더 생각해보자."라고 하면서 질질 끄는 경우가 얼마나 많은가. 일을 끝낼 줄 아는 리더는 "여기까지 합시다." 또는 "더 조사해보고 사흘 후에 다시 모여서 결론냅시다." 하는 리더이다.

단체 생활에서 많이 사용하는 "될 때까지 한다."라는 구호가 있다. 이 '될 때'가 언제인지 명확하게 정해주지 않는 리더 때문에 이 순간에도 얼마나 많은 구성원이 힘들까.

"책임지겠다"는 언제 말해야 하는가
책임이라는 말의 무게

C사업부의 실수로 회사에 큰 규모의 손실이 발생했다. 금전적으로 손해가 클 뿐만 아니라 사후처리에도 손이 많이 가는 일이었다. 담당 임원은 회장에게 보고하면 크게 혼이 날 거라고 걱정했는데 대화의 방향은 예상과 다르게 흘러갔다.

임원 회의에서 사안에 대해 보고했을 때 회장의 표정은 좋지 않았지만 화를 내지는 않았다. 그가 향후 어떻게 대처할 것인지를 임원에게 묻자 답하지 못한 채 머뭇거렸다. 회장은 다시 물었다. "그래서 어떻게 해야 하겠나?" 임원은 계속 답을 하지 못했고 회장은 답답한지 언성이 높아졌다. "앞으로 어떻게 할 건지 말을 하게."

"제가 책임지겠습니다." 대답하지 못하고 어쩔 줄 모르던 담당 임원이 말했다. 회장은 어이없다는 듯, 이번에는 "책임? 책임을 지다니 무슨 뜻인가?" 하고 물었다. 다시 침묵이 이어졌다. 회장은 책임지겠다는 게 무슨 뜻이냐고 다시 물었다.

"책임지겠다는 말은 회사를 그만두겠다는 거야? 이 사람아, 책임지는 건 회사를 그만두는 게 아니야! 그건 무책임한 거야! 뒷수습을 제대로 하고 앞으로 이런 일이 다시 일어나지 않게 책임을 다해 일하는 게 책임지는 거야. 책임의 뜻도 제대로 모르면서 말이야."

책임지겠다고 말하는 임원의 뼈를 때리는 일갈이었다.

리더들이 가장 두렵게 생각하는 단어는 '책임責任'이 아닐까 생각한다. 책임에는 세 가지 의미가 있다. 국립국어원의 표준국어대사전에 따르면 책임의 첫 번째 뜻은 '맡아서 해야 할 임무나 의무'이고, 두 번째는 '어떤 일에 관련되어 그 결과에 대해 지는 의무나 부담. 또는 그 결과로 받는 제재制裁', 세 번째는 법률용어로 '위법한 행동을 한 사람에게 법률적 불이익이나 제재를 가하는 일'이다.

첫 번째 책임을 다하는 것이 사전事前적이라면 두 번째 책임을 지는 것은 사후事後적이다. 리더는 책임을 다하고 동시에 책임을 지는 사람이다. 책임을 지기 전에 먼저 책임을 다해 일해야 한다.

불행한 사건, 사고나 정책의 실패가 발생했을 때마다 나오는 "아무도 책임지는 사람이 없다." 또는 "누가 책임질 겁니까?" 하는 말은 자못 폭력적이다. 상황을 파악하지도 않고 책임을 특정 개인에 돌리려고 하기 때문이다. 사실 잘못한 사람은 한 사람이 아니라 여러 사람이거나 시스템일 수도 있다. 또는 정해진 대로 제대로 조치했지만 감당하기 힘든 천재지변으로 사고가 일어났을 수도 있다.

이렇게 '책임을 지다'라는 말이 난무하다 보니 세상은 '책임을 다하다'라는 말을 잊고 있는 것이 아닐까? 리더는 책임을 지기 이전에 책임을 다해 일하는 것이 자신의 역할임을 명심해야 한다. 책임을 다해 일했다면 책임지고 회사를 떠날 일은 적을 것이다. 책임을 다해 일할 수 있었다면 책임질 일이 생겨도 억울하지 않을 것이다.

사람들은 '책임'을 '책임을 지다'의 뜻으로 받아들이고 움츠러든다. 담당 임원도 그렇게 생각했을 것이다. 같은 자리에 있었던 나도 그렇게 생각했다. 회장은 책임을 지기 전에 책임을 다해야 한다는 것을 알려 주었다.

이후 나는 이직한 회사에서 경영혁신 프로젝트를 맡아 대대적인 생산원가절감을 해내야 했다. 원가절감이라고 하면 노조는 자연스럽게 인원 감축을 떠올린다. 그렇지만 회사는 인원 감축은 하지 않는다는 것을 원칙으로 정했고, 설명회를 통해 원가절감 방향을 공유할 필요가 있었다.

노조 간부들과 마주 앉아 이야기하는 것은 처음이라 긴장되었다. 강성으로 소문난 노조위원장이 목소리를 높였다. "전에도 회사 측이 경영혁신을 한다고 했지만 직원들만 힘들고 아무도 책임지는 사람이 없었습니다. 이번에 실패하면 누가 책임질 겁니까?"

나는 노조위원장의 눈을 똑바로 쳐다보았다. "위원장님은 실패하면 제가 책임지고 그만두겠다는 말을 듣고 싶으신 겁니까?" 그는 아무 말도 하지 않았다. 그렇게 생각했다고 해도 말하기는 힘들었을 것이다.

"저는 그만두지 않습니다. 일이 잘못되었다고 회사를 그만두는 것은 책임지는 것이 아닙니다. 저의 책임은 '책임을 다해 이 일을 성공시키는 것'입니다."

나는 노조 간부들을 천천히 보면서 더 힘주어 이야기했다. "실패한다는 생각은 해본 적이 없습니다. 성공을 위해 최선을 다하는 것이 제 할 일입니다." 위원장과 노조 간부들 모두 더 이상 아무 말이 없었다.

프로젝트의 시작과 끝이 대표의 일이다
리더의 마인드

최 대표는 회사의 대표가 되었지만, 여전히 임원의 마인드에 머물러 있었다. 이처럼 리더가 되었음에도 부서장이 아닌 부서원의 마인드에 머물러 있는 경우는 주변에서 쉽게 찾아볼 수 있다. 이와 비슷한 '전문가 마인드'도 있다.

컨설턴트는 전문성을 바탕으로 고객에게 정보를 주거나 조언한다. 나 역시 컨설팅 회사에서 일한 경험을 바탕으로 경영자가 되었다. 하지만 자리를 옮겨서도 컨설턴트의 버릇을 버리지 못하고 "내가 해봐서 아는데……." 하는 전문가 마인드를 남발했다(당시의 임원진들에게 미안한 마음을 전한다.).

리더는 다섯 가지 일에서 '직접 하기'와 '도와주기'의 역할보다 '시작하기', '결정하기', '끝내기'의 역할에 더 집중해야 한다. 리더가 아닌 사람이 할 수 있는 일에 연연해서는 안 된다. '직접 하기'는 구성원이 더 잘하는 일이고, '도와주기'는 리더가 아닌 동료나 전문가 들이 해줄 수 있다. 그렇지만 '시작하기', '결정하기', '끝내기'는 리더만이 할 수 있는 일이다.

프로젝트가 마무리되고 최 대표가 김 부장이 이 일을 다 했다며 공로를 치하하자 김 부장이 말했다. "대표님이 다 됐다고 결정해주셨기 때문에 저희도 일을 마칠 수 있었습니다."

아하, 그렇구나. 끝났다는 말을 해야 정말로 일이 끝나는 거구나. 김 부장의 한마디는 최 대표에게 리더로서 자신의 역할에 대해 깊이 생각해보게 만들었다.

일을 시작하고 결정하고 끝내는 것을 종합해서 표현하면 '일에 책임을 다하는 행동'이다. '일에 책임을 다한다.'라고 하는 것은 일이 실패하면 회사를 그만두는 것이 아니다. 책임을 다하는 것은 일에서 성과를 내고 성공할 수 있도록 책임껏 일하겠다는 의미이다.

최 대표의 회사가 진행한 A사 프로젝트는 성공리에 종료되었고, 고객사 임원들은 만족해하며 다음 프로젝트를 제안했다. 특히 대표가 매일 직접 방문해 프로젝트를 꼼꼼히 챙기는 열의를 보여준 것이 인상적이었다는 후문이다.

조직의 마지막 의사결정자
주인의식과 책임감

고객사인 F사가 지난 달 출고된 제품의 일부가 불량이라고 클레임을 제기했다. 회사는 불량 내용과 원인에 대한 조사를 거쳐 책임을 인정하고 보상을 결정했다. 박 대표에게 클레임 보상에 대한 결재가 올라왔다. 보상 방법은 F사의 이달 구매 금액에서 3500만 원을 할인해주는 것이었다. 박 대표는 F사에 공급했던 제품의 품목별 금액을 눈짐작으로 더해보았다. 합계 금액과 다른 것 같았다. 계산기로 다시 계산해보니 3200만원이었다. 합계가 틀린 것인지 품목별 내역이 잘못된 것인지 알 수 없었다.

박 대표는 담당자가 누구인지 알아보기 위해 서류의 결재란을 살펴보았다. 생산, 품질, 영업, 경영관리 등 무려 일곱 명이 넘는 관리자와 임원의 서명이 있었다. 자신도 모르게 크게 한숨이 나왔다. 그는 의견란에 다음과 같이 적고는 결재를 반려했다.

"무려 일곱 명의 관리자와 임원의 삼엄한 경계를 뚫고 대표이사실 침투에 성공한 '틀린 숫자'에 경의를 표합니다. 틀린 숫자가 왜 여러분 눈에는 보이지 않고 제 눈에만 보였을까요? 다시 잘 살펴보세요."

기업의 의사결정은 내용과 유형에 따라 최종 결정권자가 정해진다. 자신이 최종 의사결정자가 아닌 기안은 주의 깊게 살펴보지 않는 관리자가 적지 않다. 윗분 또는 그 윗분의 윗분이 또 볼 거라는 생각에 긴장하지 않고 서류를 본다. 또한 참조부서나 합의부서 등 관련 부서가 많고 도장 찍을 사람이 많으니 내가 아니어도 다른 사람이 잘 검토했으리라는 생각에 대충 보는지도 모르겠다.

그러다 보니 작은 실수가 걸러지지 않고 최종 의사결정자까지 닿는 경우가 있다. 어느 회사에서나 서류의 오타나 숫자 오류를 가장 빈번하게 집어내는 사람이 대표이사라는 것은 새삼스러운 일이 아니다.

대표들은 어떻게 오류를 잘 찾아내는 것일까? 자신이 최종 의사결정자라는 생각이 그들의 마음 한구석에 자리 잡고 있기 때문이다. 서류를 마지막으로 검토하는 사람은 자신이다. 그러니 서류를 볼 때 온 힘을 모아 집중하고 눈에 힘이 들어가 불꽃이 튀며 숫자를 훑어만 봐도 합계가 척척 나온다.

이런 마음의 상태를 '주인의식'이라고 부르는 상사들이 있다. 상사는 구성원이 주인의식이 부족해서 일에 열과 성을 다하지 않고 실수를 한다고 생각한다. 그래서 늘 "주인의식을 갖고 일하라."라고 훈계한다. 아니, 내가 주인도 아닌데 주인처럼 생각하라고 한다고 주인의식이 생기는가. 주인이 아닌 사람이 주인의식을 갖고 일하는 것은 쉽지 않다.

일하는 사람이 가져야 하는 마음은 주인의식이 아니라 '책임감'이다. 실수를 잡아낸 박 대표 회사의 대주주인 회장은 계열사 대표에게 거의 모든 의사결정을 위임하는 사람이었다. 의사결정 사안을 보고하면 자신의 의견만 간단히 얘기할 뿐이었다. 두고 생각해보자고 미루거나 다시 검토해보라고 한 적이 없었다. 투자안을 올리면 "이 사업에 대한 전문가는 박 대표니까 잘 검토했겠지."였고 임원 인사를 올리면 "나보다 박 대표가 이 사람들을 더 잘 알잖아."였다. 처음에는 쉽게 결재가 났다고 좋아했지만 그게 아니었다. 성공해도 내 책임이고 실패해도 내 책임이었다. 엄청난 책임을 실감했다. 내가 모든 의사결정의 끝이라고 생각하자 정신이 번쩍 들었다.

책임감은 참으로 취약한 마음의 상태이다. 틀린 숫자의 결재처럼 약간의 틈만 있어도 조직과 일에 대한 책임감은 무너진다. 인간이 별다른 노력 없이 유지할 수 있는 책임감은 가족에 대한 책임감 외에는 없다. 책임감은 마음의 부담이고 인간의 본성은 마음의 부담이 없기를 바라기 때문이다.

리더의 일에서 가장 중요한 것은 책임감이다. 그래서 리더는 책임감을 다지고 또 다져야 한다. 내가 마지막 의사결정자이거나 혼자 오롯이 결정한다고 생각해야 한다. 아니, 그렇게 믿어야 한다.

☑ **체크포인트**

- 리더에게는 '리더의 마인드'가 필요하다. 밥값 마인드에서 벗어나 자신의 역할을 찾아야 한다.

- 일을 시작하고 결정하며 끝내는 것이 리더의 역할이다.

- 일에 책임을 지기 전에 먼저 책임을 다해 일해야 한다. 그것이 리더의 책임이다.

- 책임을 다하는 것은 일의 성과를 낼 수 있도록 책임껏 일하겠다는 의미이다.

3장

부하의
일을
훔치지 않는다

요즘 영업사원 이 대리와 일하는
정 팀장 이야기

정 팀장은 팀에서 담당하는 모든 고객사에 대해 자신이 가장 잘 알고 있다고 생각한다. 영업팀 신입사원으로 입사해 15년 동안 팀의 모든 고객사를 담당해보았기 때문이다. 거래 중단이나 계약의 큰 변경 없이 꾸준히 관계를 지속해온 장기 고객사 관리에 대한 공을 인정받아 동기들보다 빠르게 팀장도 될 수 있었다.

그는 팀의 발전을 위해 몇몇 팀원에게 자신의 노하우를 전수하고자 했다. 가장 큰 무기는 친근함을 무기로 고객사의 주요 임원들과 끈끈한 정을 쌓는 것이었다. 회사의 가장 큰 고객인 D사와의 관계가 원활하게 유지된 것은 그가 D사 최 대표와 형님-아우 사이로 지낸 지 10여 년이 되었기 때문이라는 판단도 있었다.

현재 D사 담당은 이 대리다. 이 대리는 일 잘하고 똑똑한 직원이지만, 요즘 친구답게 원칙주의자에 곁을 주지 않는 냉정한 타입이었다. 주말에 골프를 치거나 접대도 좀 할 법한데 근무시간 고수를 강조하거나 협력사를 문서나 메일 전달 등 비대면으로 관리하는 태도는 답답하기까지 하다.

정 팀장은 "요즘 젊은 영업사원들은 고객을 찾아가서 만나 보려고 하지 않는다니까!" 하고 불만을 토로한다. 하지만 이 대리는 "요즘은 자꾸 찾아오는 걸 좋아하지 않습니다. 차라리 메신저로 종종 안부 묻고 정보를 알려주는 걸 더 좋아합니다."라고 말한다.

어느날 이 대리가 정 팀장을 다급하게 찾았다. "팀장님, E사에서 약속한 부품 시생산을 기간 내에 해주지 못하겠다고 합니다. 그쪽 물량이 밀려서 생산을 끊고 시생산하기가 어렵답니다. 이달에 시생산을 끝내지 못하면 출시 일정을 맞출 수 없을 것 같습니다."

E사는 D사에 납품할 제품의 부품을 생산할 수 있는 유일한 협력사로 역시 정 팀장이 사원 때부터 인연을 맺었던 곳이다. "그래? 내가 해결할게. 대표한테 부탁하면 될 거야." 다행히도 E사 대표와 통화한 뒤 출시에 크게 지장이 없도록 일주일 정도 연기된 일정으로 시생산 시기를 조정할 수 있었다. 그리고 D사의 대표와도 통화해 시생산 지연으로 인한 출시 일정 조정을 공유했다.

정 팀장은 자신의 영향력이 녹슬지 않았다는 것을 과시하며 사사

건건 반대 의견을 내는 이 대리에게 팀장의 권위를 보여준 것 같아 흐뭇했다. 앞으로 이 대리가 또 본인이 전문가라고 자신의 의견을 주장한다면 오늘의 일을 되새겨주며 영업이란 무엇인지 단단히 일러줄 셈이다.

모든 일에 시시콜콜 참견하는 대리급 임원
위임을 모르는 상사

"팀장님은 이 대리가 해결하기 어려운 일로 찾아온 것을 어떻게 생각하시나요?" E사와 관련된 에피소드를 말하는 정 팀장에게 물었다. 그는 이렇게 답했다. "이 대리를 비롯해 요즘 젊은 직원들의 일하는 방식은 우리 때와는 많이 달라졌습니다. 효율을 추구하지만 실제 위기가 닥치면 해결 능력이 부족하죠. 업무에는 효율도 중요하지만 사람이 하는 것이기에 지나칠 수 없는 부분이 많거든요. 그런 노하우를 저에게 배우는 거죠."

정 팀장이 E사와의 일을 해결한 순간 이 대리는 업무 노하우를 배울 수 있었을까? 상사가 부하에게 업무를 넘겨받아 처리하는 일을 원숭이를 돌보는 방법에 비유해보자. 첫째로 원숭이가 무엇을 먹는지 먹이를 주는 방법부터 알려주어야 한다. 언제까지 아랫사람들을 제치고 원숭이의 먹이를 줄 수는 없다.

둘째, 자신이 돌볼 수 있을 만큼의 원숭이만 데리고 있어야 한다. 무작정 구성원의 일을 넘겨받거나 요청을 받아들여서는 안 된다. 많은 일을 동시에 할 수 없기 때문이다. 일을 도와주는 시간을 가능한 짧게 해 요청사항을 그 자리에서 처리한다. 항상 적정한 수의 요청 사항을 유지하고, 자신의 시간을 관리해야 한다.

셋째, 반드시 정해진 시간에만 먹이를 주어야 한다. 무조건 일을 가지고 찾아온다고 해서 그때마다 직접 해결하거나 조언해서는 안 된다. 비상 상황이 아니라면 리더는 구성원과 약속 시간을 정하여 업무를 협의하고 도와줄 일을 정하도록 한다.

일과 원숭이의 비유는 리더십 전문가 윌리엄 온켄 주니어[William Oncken Jr.]가 1974년 《하버드 비즈니스 리뷰[Harvard Business Review]》에 발표한 글 〈경영자의 시간: 누가 원숭이를 가지고 있는가[Management Time: Who's Got the Monkey?]〉에 자세히 등장한다. 이 글은 조직 관리의 고전으로 지금 읽어도 시사하는 바가 크다.

1974년은 '명령과 통제'의 시대였다. 상사는 일을 나누어 분담하고 부하는 단순히 주어진 일만 하던 시절로 원숭이의 비유는 상사가 부하의 일을 떠맡지 말고 자신의 일을 할 시간을 확보하라는 메시지였다. 지금은 그때와 달리 '위임'의 시대이다. 상사의 시간 관리를 위해서가 아니라 현장감 있고 빠르게 일을 진행하기 위해 원숭이는 부하가 돌봐야 한다.

우리 주변에는 왜 모든 일에 시시콜콜 참견하는 대리급 임원과 CEO가 심심치 않게 보일까? 리더가 구성원의 일을 참견하는 데에는 이유가 있다.

첫째, 일을 통해 성취감을 느끼고 싶다. 부하가 하는 일은 과거에 상사도 했던 일이다. 해본 일이니 쉽고 편하게 해낼 수 있고 일하는 기쁨을 느낄 수 있다.

둘째, 자신의 업무 능력을 자랑하고 싶다. 상사는 왕년에 나도 일깨나 했었다는 걸 보여주고 싶어 한다. 일종의 잘난 척이다. 이것을 이용하는 부하들도 있다.

시생산 일정 정도는 이 대리가 다시 이야기해서 풀 수 있었다. 그렇지만 그는 정 팀장이 D사의 사장과 형님, 아우하는 사이라는 걸 알고 있었다. 테스트 일정에 차질이 생긴 걸 들으면 적극 나서줄 거라고 예상했기에 바로 보고했다.

셋째, 상사는 힘을 과시하고 싶어 한다. 자신이 일을 완료해야 다음 단계의 일을 진행할 수 있다는 것은 상사가 권력을 가지고 있음을 보여준다. 이런 상사는 결재를 바로 하지 않는다. 급하다고 부하 직원이 미안해하면서 결재를 부탁할 때 '내가 없으면 일이 돌아가지 않는구나.'라고 느끼는 것이다.

회의 2시간 동안 혼자 말하는 상사
리더가 할 일

요즘에는 사용하지 않지만 "밥값을 해야 한다."라는 표현을 자주 사용하던 시절이 있었다. '밥값'은 주어진 역할을 다한다는 의미이다. 리더의 역할, 즉 리더가 밥값을 하는 방법은 무엇일까?

내가 모시고 일했던 P대표는 '한 말씀'하는 것을 좋아하지 않았다. 회의가 끝날 때 강평을 하시겠냐고 물어보면 늘 "회의 중에 얘기 다 했는데 뭘 또 얘기해. 밥이나 먹으러 갑시다." 하고 먼저 자리에서 일어섰다.

한번은 내가 P대표에게 왜 아무 말도 하지 않는지 물었다. "강평이라는 게 결국 회의 중간에 했던 이야기를 반복하는 거밖에 더 되겠어? 했던 이야기를 자꾸 하면 뭐해. 듣는 사람 지루하기만 하지." P대표는 잠시 생각하더니 덧붙였다.

"관리자들은 대개 자기 임무가 직원들을 가르치는 거라고 생각할 거야. 모르는 것은 가르쳐주고, 잘못한 일은 지적하거나 고쳐주고, 실수한 일은 혼내야 한다고 생각하지. 그게 밥값을 하는 방법이라고 생각하는 거 같아. 그런데 관리자들은 사실 다 알지도 못해. 가르쳐주지 않아도 직원들은 일 잘한다고. 직원들을 믿고 지켜보고, 필요할 때 도와주면 되는 거야. 그게 관리자가 제대로 밥값하는 방법이야."

앞에서 리더에게는 비전을 제시하고, 목표를 정하고, 앞장서서 구성원을 이끄는 등 여러 가지 역할이 존재한다고 말했다. 업무의 전문가로서 구성원에게 업무 지식을 가르치고, 잘못한 것을 고쳐주고, 평가하는 것도 리더의 중요한 일이다. 그렇지만 리더가 밥값을 해야 한다는 일념 아래 업무 전문가로서의 역할에만 집중하는 것은 바람직하지 않다.

리더가 전문가의 역할을 하는 것은 많은 지식과 경험을 갖고 있다는 의미이다. 회의를 2시간 했는데 상사 혼자 1시간 55분을 이야기한다던가, 회의 말미에 회의에서 했던 이야기를 다시 이야기하는 것은 유능감에 젖은 행동이다. 구성원이 만든 보고서를 자신이 다시 만드는 상사도 있다. '그냥 내가 하는 게 낫겠다.'라는 생각 역시 유능감이다.

그렇지만 P대표의 말대로 상사가 언제나 가장 유능한 것은 아니다. 무엇보다 현장에서 멀리 떨어져 있으며, 시대에 따라 일하는 방식도 바뀌기 때문이다. 유능해서 리더가 되었지만, 정작 리더는 유능함보다 겸손함으로 일해야 한다. 리더의 겸손함은 구성원의 유능감을 자극해서 부하의 사기를 고취시킨다. 겸손함을 통해 부하가 유능감을 발휘할 기회를 주어야 한다.

반면에 리더의 유능감은 구성원의 유능감을 압박하기도 한다. 그렇기 때문에 자신의 유능함이 아닌 구성원의 유능함으로 일해야 한다. 상사가 유능해서 리더가 될 수 있었다는 건 모두 알고 있는 사실이다. 오히려 자신이 모르는 걸 모른다고 하는 편이 구성원의 지지를 끌어낼 수 있다.

리더는 왜 부하의 일을 훔치게 되는 걸까
결재의 본질

구성원이 책임지고 일함으로써 일에 보람을 느끼고, 일을 통해 성장하도록 하려면 리더는 부하의 일을 훔치지 않아야 한다. 부하가 해야 할 일을 리더가 하지 말아야 한다는 의미이다. '부하의 일'이란 조직 구성원이 직접 해야 하는 일이거나 상사가 굳이 하지 않고 부하가 해도 괜찮은 일이다.

그렇다면 상사는 부하의 일을 어떻게 훔칠까? 대표적인 절도 방법은 결재이다. '결재決裁'를 표준국어대사전에서 찾아보면 "결정할 권한이 있는 상관이 부하가 제출한 안건을 검토하여 허가하거나 승인함"이라고 나와 있다. 즉, 결재의 본질은 무엇을 허락하는 것이다.

일터에서의 결재는 크게 두 가지가 있다. 한 가지는 돈을 쓰는 데 허락을 받는 것이요, 다른 한 가지는 새로운 일을 해보겠다는 허락을 받는 것이다. 후자는 품의稟議 또는 기안起案이라고도 한다. 결재라는 제도는 기업을 비롯한 국내의 모든 조직에서 활용되어 왔고 당연하게 받아들여져 왔다. 그렇지만 결재의 실상은 그 본질과 다르고 심지어 왜곡되어 사용되고 있다.

회사에서의 결재란 한 번 허락 받은 사안을 다시 허락받는 절차를 통해 비용을 통제하는 것이다. 생각해보라. 경영계획에 따라 운영되는 조직이라면 연중 지출할 비용을 내년도 경영계획을 수립할 때 이미 결정한다. 제조업체라면 연말에 내년 매출계획과 함께 원가, 인건비, 연구개발비, 광고비, 판촉비, 출장비 등 모든 비용을 상세히 산출한다. 따라서 출장을 가거나 시즌 광고를 위해 그때그때 결재를 받는 것은 이미 승인받은 일에 대해 다시 반복하여 승인을 구하는 것과 마찬가지이다.

물론 계획보다 비용을 크게 초과해서 사용하게 되었다면 비용을 더 지출하고서라도 일을 진행할 필요가 있는지 보고해서 다시 허락을 받는 게 당연하다. 그렇지만 해외 출장과 같이 사전에 계획되었거나 일상적인 지출에 대해서도 사전에 결재를 통해 허락을 받고 있는 것이 현실이다.

글로벌 회사의 경우 연간 경영계획을 수립할 때 목표, 전략, 실행계획 및 비용을 세부적으로 논의하고 승인한다. 그 다음에는 담당자가 계획한 대로 상세 계획을 만들고 비용을 집행한다. 상사와 상세 계획에 대해 논의하기는 하지만 다시 결재를 올려 승인받는 일은 없다. 일상적인 비용은 기본 원칙이 정해져 있어서 그 원칙 내에서 집행하고 사후에 상급자가 승인한다.

구성원의 양식과 조직문화에 따라 다르겠지만 사전 결재가 없다고 해서 불필요한 지출이나 부정이 늘어날까? 그렇지 않다는 걸 우리는 잘 알고 있다. 반복적인 통제와 보고는 구성원이 책임껏 일하지 못하게 만든다.

또한, 결재는 왜곡되어 본래의 목적과 달리 보고에 사용되기도 한다. 결재 문서에 비해 이메일은 작성하는 것이 훨씬 간단하고 신경도 덜 쓰인다. 그럼에도 불구하고 결재 형식을 통해 보고하는 이유는 보고의 근거가 필요하기 때문이다. 이메일 대신 전자결재를 통해 상사가 결재하면 실제 상사가 읽었든 읽지 않았든 보고가 되었다는 증거가 남는다. 이미 허락받은 것을 다시 허락받는 결재의 실상에서 우리는 신뢰의 결여를 발견하게 된다. 조직은 구성원을 믿지 않는다. 조직의 기본 운영 원리 중 하나가 통제이니 어찌 보면 당연한 일이다.

요즘 현장에서는 불필요한 결재를 줄이기 위해 노력 중이다. 사소한 비용을 사전 결재하는 것이 번거롭기도 하고 조직과 구성원 간에 신뢰가 쌓여 통제의 의미가 크지 않기 때문이다. 하지만 신뢰가 결여된 모습은 결재가 보고의 수단으로 왜곡되면서 여전히 남아 있다. 구성원 역시 언제 상사가 엉뚱한 얘기를 할지 모르니 보고서에 도장을 받아놓으려고 한다. 과거에는 조직이 구성원을 신뢰하지 않아서 수많은 결재를 요구했지만, 이제는 구성원도 조직을 신뢰하지 않게 된 것이다.

부하의 일을 훔치지 말라고 했을 때 이 글을 읽는 리더들은 이렇게 생각했을 것이다. "훔치기는 뭘 훔쳐! 지들이 일을 안 하니까(못하니까) 할 수 없이 내가 하는 거지." 일리 있는 항변이다. 그렇지만 구성원이 한 일에 신뢰를 주지 않으면, 구성원은 결재를 통해 자신의 일을 상납하게 된다. 그렇게 상납 받은 일은 결국 훔치는 것과 마찬가지가 아닐까? 자신도 모르게 부하의 일을 훔치지 않으려면 두 가지를 주의해야 한다.

첫째, 무심코 대답하지 말 것. 나는 대표가 된 후 신중하게 말하고 가부可否가 분명해졌다. 직급이 높아질수록 말은 천천히 시작하는 게 좋다. 그렇게 하면 사람이 명확하고 사려 깊어 보이는 효과도 따라온다.

둘째, 무심코 결재하지 말 것. 조직에서 일하는 사람이라면 결재가 위를 향하는 상방경직성上方硬直性을 가진다는 걸 알고 있다. 머리 아프게 의사결정을 하고 부담을 떠 앉으니 "대표님까지 결재 올려!" 한마디면 해결된다. 상사는 클릭 하나, 서명 하나가 자신이 할 일인지부터 따져보아야 한다.

나도 모르는 새 누군가 원숭이를 데리고 왔다가 내 의자에 묶어놓고 가거나 귀엽다고 쓰다듬어준 원숭이가 내 책상에 앉아 있을지도 모른다. 항상 바쁜 상사들이여. 지금 당신 어깨 위의 원숭이는 누구의 원숭이인가.

☑️ 체크포인트

• 명령과 통제의 시대였던 과거와 달리 지금은 '위임의 시대'이다. 현장감 있고 빠른 일처리를 위해 리더는 구성원의 일을 훔치지 않아야 한다.

• 리더의 일이란 구성원을 믿고 지켜보며 필요로 할 때 도와주는 것이다.

• 리더는 유능감에 빠지지 말아야 한다. 자신이 현장에서 멀리 떨어져 있으며, 시대에 따라 일하는 방식도 바뀐다는 것을 기억하라.

• 결재를 통해 구성원의 일을 훔치지 않는다. 반복적인 통제와 보고는 구성원이 책임껏 일하지 못하게 만든다.

4장

중요한
가치를
공유한다

화가 많은 원칙주의자
이 상무 이야기

보험 회사 임원으로 재직 중인 이 상무는 우수한 업무 성과로 매년 성과평가에서 최고 등급의 점수를 받았다. 그렇지만 조직 구성원들의 상사평가는 최하 등급이라 인사팀에서는 매우 난감해했다.

그는 임원이 된 첫 해부터 꾸준히 구성원들에게 낙제점을 받아왔다. "다혈질이다." "화를 컨트롤하지 못한다." "목소리를 자주 높인다."와 같이 직접적이고 부정적인 반응이 대부분이었다. 이러한 평가가 계속된다면 이 상무는 임원 자리를 유지하기 어려웠다.

인사 임원과의 면담에서 그는 고충을 토로했다. "저는 원칙주의자입니다. 신입사원일 때부터 그랬고, 임원이 된 지금도 여전히 같습니다. 사적인 감정을 일에 섞지 않고, 누굴 편애하거나 주관적인 근거로 평가하지도 않습니다. 이런 게 불만이라면 불만이겠지요." 인사 임원은 원칙을 고수하는 것은 나쁘지 않지만, 직원들에게 고성을 지르거나 화를 내는 태도는 문제임을 지적했다.

이 상무가 언성을 높이며 말했다. "요즘 직원들은 지각을 해도 대충 넘어가기를 바라고, 일정을 맞추지 못해도 웃으며 격려해달라고 합니다. 원칙을 중요하게 생각하는 사람으로 그런 태도를 용인할 생각은 없습니다. 잘못된 태도를 지적해도 계속 반복합니다. 그러니 언성이 높아질 수밖에 없고요. 쓴소리를 내는 게 저만의 탓일까요? 제가 출퇴근할 때 인사를 하라는 것도 아니고, 업무 기한과 근태를 잘 지키는 기본적인 것을 바랄 뿐이에요. 이러한 생각이 회사와 맞지 않다면 제가 회사를 떠나는 것이 맞겠죠."

"내가 말 안 했나?"
리더와 구성원의 동상이몽
가치의 공유

코칭에서 만난 이 상무는 업무 성과와는 별개로 화를 다스리지 못하는 것이 가장 큰 고민이었다. 그에게 어떤 일에 화가 나는지 물었다. "직원들이 다른 부서를 탓하거나 협조하지 않을 때, 사전 연락 없이 회의에 지각할 때, 구두로 보고할 수 있는 것을 불필요하게 서면으로 보고할 때 화가 납니다."

이 상무가 화를 내는 원인은 자신이 중요하게 생각하는 것을 직원들이 지키지 않아서였다. 그에게 일에 있어 중요하게 생각하는 가치가 무엇인지 말해보라고 이야기하자 쉽게 답하지 못했다. "글쎄요. 부서 간 협조나 시간 지키기나 효율 같은 거 같네요."

사람은 누구나 중요시하는 자신의 가치를 가지고 있다. 직장에서나 대인 관계에서 양보하지 못하는 규범이나 규칙 말이다. 양보할 수 없는 개인의 가치는 그 사람이 어떤 경우에 화를 내는지를 보면 쉽게 알 수 있다. 사람은 자신이 중요하게 여기는 가치가 무시되거나 훼손되었을 때 분노한다.

그런데 이 가치는 개인에 따라 다르다. 이 상무와 달리 나는 타 부서가 잘 협조하지 않는 것에 화를 내지 않는 편이었다. 내

부서를 우선시하는 것은 일종의 이기심이고, 이기심은 인간의 본성이기 때문이다. 인간은 본성을 벗어나기 힘들다. 그냥 부서 간 협조를 강조하고 이해관계를 조절하는 데 노력할 뿐이다.

"상무님이 부서 간 협조, 시간 엄수나 효율 같은 가치를 중요시한다는 것을 직원들이 알고 있을까요?" 다시 이 상무에게 질문했다. "아마 아는 사람도 있고 모르는 사람도 있을 겁니다." 내가 그에게 제안했다. "모든 직원이 상무님이 중시하는 가치를 확실히 인지하는 것이 좋지 않을까요?"

리더가 중요하게 생각하는 가치를 부하와 동료들이 얼마나 알고 있을까? 중요시하는 가치나 일하는 방법을 구성원들에게 명확히 알려주는 리더는 생각보다 많지 않다. 눈치 빠른 몇몇은 리더가 평소에 내리는 의사결정이나 자주 하는 말을 듣고 짐작할 것이다. 그러나 대부분의 사람은 오랜 시간을 같이 일해도 대체로 모르고 산다.

리더는 자신이 중요하게 생각하는 가치를 왜 명확하게 알려주지 않을까? 가장 큰 이유는 이미 많은 구성원이 알고 있다고 생각하기 때문이다. 마음을 잘 읽어내는 눈치 빠른 구성원처럼 다른 구성원들도 그러리라고 생각한다. 아니면 그저 자신이 시키는 대로만 따르면 그만이라고 생각할지도 모르겠다.

자신은 알려주었다고 생각하지만 구성원은 잘 모르는 경우도 있을 것이다. 리더의 생각을 조직의 구성원과 공유하고 행동하게 하려면 오랜 시간이 필요하다. 반복해서 들어야 구성원들에게 체화되기 때문이다. "우리 회사는 고객을 최우선으로 생각해야 합니다." 하고 대표가 딱 한 번 발언했는데 고객 지향을 최우선으로 하는 조직을 본 적이 있는가.

말하고 또 말하고, 또 말하고……. 조직이 지향하는 중요한 가치는 들은 대로 행동하지 않은 사람이 혼나기도 하고, 말한 사람 자신도 그렇게 행동하지 않았다고 미안해하기도 하면서 구성원의 머릿속에 스며든다. 마치 어릴 때 수도 없이 들은 부모님의 잔소리를 똑같이 자식에게 반복하고 있는 자신에게 놀라는 것처럼 말이다.

많은 리더가 자신이 중요하게 생각하는 가치를 구성원들이 알고 있다고 착각하며, 구성원의 생각이 자신의 생각과 다를 때 불편해한다. 정작 자신이 중요하게 생각하는 것을 구성원과 공유하지 않으면서 말이다. 이와는 반대로 공유하기 어려운 가치도 있다. 구성원에서 리더가 되면서 변하는 가치가 그렇다.

자리가 바뀌면 가치와 태도가 달라진다
경영자의 시선

김 상무는 F사의 신임 임원이다. 그는 부장 직급으로 사업본부장을 맡고 있다가 이번 인사에서 보직은 그대로 유지되면서 상무보로 승진했다. 자리는 바뀌지 않고 직급만 바뀐 셈이다.

김 상무에 따르면 사업부의 다섯 개 팀 중 두 팀장의 태도가 비협조적이었다. 그가 이러저러한 일을 새로 해보자고 하면 말을 채 끝내기도 전에 안 된다고 하거나 경쟁사에서 이미 해본 일인데 실패하지 않았느냐고 하는 식이었다. 해당 팀장의 그런 태도에 불만인 팀원들도 있었지만, 대체적으로 팀의 분위기도 점점 부정적이 되어갔다.

그렇다면 그들은 김 상무의 승진이 탐탁지 않은 걸까? 사실 상무로 승진하기 전에도 두 팀장의 태도는 호의적이지 않았다. 김 상무가 고참 부장으로 사업본부장을 맡고 있을 때 두 팀장 중 한 사람은 부장이었고 다른 한 사람은 차장이었다. 김 상무가 승진하면서 고참 부장과 차·부장 간의 관계에서 임원과 직원의 관계로 달라진 것뿐이다.

김 상무의 경우처럼 하는 일은 그대로인데 부장에서 임원으로 승진했다면 무엇이 달라지는 것일까? 팀장과 임원의 가장 중요한 차이는 조직 내 역할이 다르다는 것이다. 팀장은 직원이지만 임원은 경영자이다. 규모가 큰 조직이나 경영관리본부장 같이 전사를 관장하는 조직을 맡은 임원이라야 경영자라고 부를 수 있지 않을까 하고 생각할지 모르겠다. 맡은 부서의 크기와 상관없이 임원이 되었다는 것은 경영진의 일원이 되었다는 것이다. 이는 회사 전체의 시각에서 일해야 하는 것을 의미한다.

경영자인 임원과 경영자가 아닌 팀장은 업무의 범위가 다르다. 팀장은 자신이 맡은 부서의 일만 책임지면 된다. 반면에 임원은 자신의 일과 함께 회사 전체의 일과 성과에 관여한다. 자신이 맡은 부서의 입장만 고집하는 임원이 임원답지 못하다는 이야기를 듣는 이유가 그것이다.

임원은 주어진 일을 하는 사람이 아니라 자신의 부서나 회사가 앞으로 할 일을 만들어내고 정하는 사람이다. 그래서 임원은 일일이 업무 지시를 받지 않는다. 회사가 비전을 정하면 임원 각자는 비전 달성을 위해 자신의 부서가 할 일을 찾고 계획을 수립한다.

리더가 되면 중요하게 생각하는 가치가 변할 수밖에 없다. 대표적인 예가 동료나 직원 들과의 관계이다. 직급은 달라도 같은 직원 입장이었던 관계에서 리더와 구성원, 즉 경영자와 직원의 관계가 된다. 같은 구성원이었을 때 서로 도와주고 감싸주는 관

조직 구성원과 리더의 역할

	팀원	팀장	임원
업무	자신의 일	부서의 일	회사의 일
역할	실행	타인을 통해 실행	실행 업무 개발
역량	자기계발	인재 육성	역량 정의

계였다면, 리더가 되면 평가하고 육성하는 역할을 더하게 되고, 때에 따라 조직 밖으로 내보내는 일도 감수해야 한다.

친구나 선후배 관계와 달리 조직 내에서의 관계는 영원하지 않다. 같이 입사한 동기가 상사가 될 수도 있고, 상사와 부하의 위치가 뒤바뀌기도 한다. 직급이 올라갈수록 다른 구성원과의 관계는 상하 관계로 바뀌어간다.

"그 친구 올라가더니 달라졌어." 하는 말을 들어봤을 것이다. 부정적인 변화가 느껴질 때 하는 말이다. 좋은 변화를 말할 때는 "자리가 사람을 만든다."라고 한다. 리더는 자리, 역할과 상황에 따라 가치와 태도가 달라질 수 있다. 달라지지 않는 것도 문제가 될 수 있다. 팀장이 되었는데 팀원 시절처럼 천진난만하게 직원들과 상사 흉이나 볼 수는 없지 않은가.

신임 리더가 가장 먼저 해야 할 일은 관계의 변화에 적응하는 것이다. 과거의 동료 관계에 머물러 있지 말고 시야를 넓혀 경영자의 시선으로 상황을 보기 시작해야 한다. 김 상무처럼 기존 관계에 의문을 던지는 일이 필요하다. 코칭을 끝내면서 김 상무에게 물었다. "상무님, 그럼 두 분을 어떻게 하시겠습니까?"

김 상무는 깊은 생각에 잠겼다.

잭 웰치가 자기 생각을
700번 이상 반복해서 말한 이유
가치의 반복

나는 경영자로 일하면서 부하 직원에게 거의 화를 내지 않았다(적어도 나 자신은 그랬다고 생각한다.). 화를 냈던 일을 일일이 기억하고 있을 정도니 1년에 한 번 넬까 말까 했을 것이다. 그래도 드물게 화를 낼 때 그 이유는 비슷했다. 직원들이 솔직하지 않을 때였다. 솔직함은 좋은 일은 좋다고, 나쁜 일은 나쁘다고, 자랑할 일은 자랑스럽다고 이야기하는 것이다.

예를 들면, 좋지 않은 사건이 발생했는데 보고하지 않거나 늦게 보고하는 것은 솔직하지 않은 것이었다. 사업의 상황이 좋지 않은데 근거도 없이 별일 없을 테니 걱정 마시라고 하는 것도 솔직하지 않다. 또한 승진하지 못한 부하에게 그 이유를 충분히 전달해주지 않고 열심히 하고 있으니 다음에는 승진하게 될 거라고 이야기하는 것은 솔직하지 않은 것이다. 큰 성과를 거둔 부하를 크게 칭찬해주지 않는 것도 솔직하지 않다.

솔직함과 정직함은 다르다. 정직함이 거짓말을 하지 않는 것이라면, 솔직함은 숨기지 않는 것이다. 솔직한 사람에게 정직함은 기본이다. 솔직해야 상황과 현실을 정확히 볼 수 있다. 현실을 정확히 보지 못하면 상황은 악화되고 문제는 커진다. 내게 솔직함은 양보할 수 없는 중요한 가치였다.

내가 본부장일 당시 사장은 자신이 중요하게 생각하는 것을 반복해서 말하는 습관이 있었다. 그는 같은 말을 반복할 때마다 미안하게 생각했다. "전에 했던 얘기 다시 해서 미안한데 말이야……."라고 시작하는 말을 자주 했다. 그래서 이렇게 말했다.

"사장님, 잭 웰치Jack Welch가 GE 회장일 때 기자가 물었다고 합니다. '당신의 생각을 몇 번이나 이야기하니까 직원들이 그렇게 행동하던가요?'라고요."

"그래? 그 사람이 뭐라고 했는데?"

"'700번 정도 이야기하니까 그렇게 행동하기 시작합디다.'라고 했답니다." 수도 없이 여러 번 반복해서 말해야 한다는 이야기였다. 이후에 그는 입으로는 "미안한데 말이야……." 하면서 전혀 미안한 기색 없이 자신의 생각을 반복해서 말했다.

잭 웰치는 기업의 핵심 가치는 700번 이상 반복해서 말해야 구성원들에게 정착된다고 말했다. 나중에 대표가 되었을 때 이 일화를 들려주면서 나도 내 생각을 말하고, 하고, 또 말했다. 그랬더니 '700번'은 내가 지어낸 이야기 아니냐고 항의하는 임원도 있었다. 어느 책인지는 기억나지 않지만 분명 읽었던 이야기였다. 너무 오래된 이야기라 출처를 찾을 수는 없었다.

내가 말하고 또 말했던 이야기는 '새로운 일하기 방법the new way of doing business'이었다. 수도 없이 이렇게 말했다. "만날 똑같은 방법으로 일하면 무슨 발전이 있겠어? 지금 일하는 방법이 'BCF^Better, Cheaper, Faster'인지 고민해보라고." 한 2년쯤 떠들고 다녔더니 직원들이 "대표님, 이번에 일하는 방법을 바꿨습니다."라고 따르기 시작했다. 하루에 두세 번 이야기한 적도 있으니 대충 700번이 맞았다.

정치인의 인물평에 누구의 '복심腹心을 가장 잘 아는' 사람이라는 평이 있다. 그 누구는 당 대표도 되고 대통령도 된다. 정치인들은 업의 특성상 말을 곧잘 바꾼다. 말을 바꿀 때 생각도 바뀌

어 그러는지는 잘 모르겠지만 말하지 않은 생각, 즉 복심을 읽어
내는 것이 정치인의 중요한 역량인 것 같다. 그러나 경영자에게
는 그런 수식어가 붙으면 절대 안 된다. 구성원들에게 복심을 읽
도록 해서는 안 된다.

기업의 리더는 허심탄회虛心坦懷해야 한다. 자신이 중요하게 생각
하는 가치를 머릿속에 담아 두지 않고 들려주어야 한다. 구성원
이 공감하지 못하는 것도 있을 것이다. 구성원의 생각을 듣고 보
완하거나, 일부 구성원이 공감하지 못함에도 불구하고 리더가 양
보하지 않는 생각도 있을 것이다.

리더는 자신이 중시하는 가치와 그 배경, 가치에 기반한 일
하는 방법을 구성원들과 구체적으로 공유해야 한다. 배달의 민
족을 운영하는 우아한 형제들의 김봉진 의장은 '송파구에서 일
을 더 잘하는 11가지 방법'을 만들어 공유하기도 했다. 중요하다
고 생각하는 가치를 이렇게 일종의 헌장으로 만들어서 공유하
는 것도 좋은 방법이다. 어떤 명칭이든 좋다. 핵심 가치, 키워드,
사훈이나 교훈처럼 팀훈도 좋다. 회사에 미션, 비전과 가치MVV,
Mission Vision Value가 있듯이 부서에도 MVV를 만들어보자.

상사가 자신의 우선 순위, 즉 지향하는 가치를 분명히 알리지
않으면 조직의 구성원들은 다른 꿈을 꾸게 된다. 상사가 구성원
에게 자신의 가치를 알리고 구성원은 상사와 부서의 가치를 받

아들임으로써 불문율不文律은 성문율成文律이 된다. 마치 국가가 지향하는 가치가 구전으로 전해지지 않고 헌법에 반영되듯이 말이다. 조직의 가치가 규칙이 될 때 리더와 구성원은 비로소 같은 꿈을 꾸게 된다.

☑ 체크포인트

- 리더가 중요하게 생각하는 가치는 반드시 구성원과 공유해야 한다.

- 리더의 생각을 조직의 구성원과 공유하고 행동하게 하려면 오랜 시간이 필요하다.

- 리더가 되면 중요하게 생각하는 가치도 변한다. 구성원과의 관계 변화에 적응하고, 시야를 넓혀 조직의 시선으로 일을 파악해야 한다.

- 조직의 가치가 규칙이 될 때 비로소 리더와 구성원은 같은 꿈을 꾸게 된다.

솔직함과 정직함은 다르다.

정직함이 거짓을 말하지 않는 것이라면,

솔직함은 숨기지 않는 것이다.

솔직한 사람에게 정직함은 기본이다.

솔직해야 상황과 현실을 정확히 볼 수 있다.

현실을 정확히 보지 못하면

상황은 악화되고 문제는 커진다.

5장

때로는
디테일에
집중한다

외주생산1팀의 인간 알람시계
원 팀장 이야기

생활 가전을 만드는 Y중소기업의 외주생산팀은 샘플이 완성되면 수시로 협력업체에 발송하고 있다. 일주일에 샘플 발송 횟수가 10건이 넘는다. 1팀을 담당하는 원 팀장은 일처리가 꼼꼼하기로 정평이 나 있다. 매번 빼놓지 않고 담당자가 제시간에 샘플을 보냈는지, 협력업체가 예상한 시간에 샘플을 받았는지를 확인한다. 한 달에 확인하는 건수가 50건이 넘는 경우도 허다하다.

원 팀장의 '오늘의 할 일 리스트'에는 각 샘플의 발송과 도착 확인도 포함되어 있다. 하루에 한두 건이 발생하는 일상적인 업무지만 담당자들은 팀장이 샘플 배송까지 일일이 챙기는 것이 귀찮을 때가 많았다. 하지만 꼼꼼한 원 팀장 덕분에 1팀의 샘플 오배송 사고는 단 한 건도 일어나지 않았다. 이제는 팀원들이 발송과 수취 여부를 잊지 않고 확인해주는 팀장을 일종의 '알람시계'나 '체크리스트'로 생각하고 있다.

제품의 종류만 다르고 같은 일을 하는 외주생산2팀의 조 팀장은 원 팀장과는 정반대의 스타일이다. 그는 샘플 발송 업무는 전혀 신경 쓰지 않고, 발송 담당자에게 일임하고 있다. 그렇지만 중요한 신제품 출시와 관련된 샘플 발송의 경우 발송과 수취 여부를 철저하게 관리한다. 신제품은 기간에 맞춰서 출시해야 하고 따라서 시생산의 일정 관리가 무엇보다 중요하기 때문이다.

2팀의 발송 담당자들은 평소 여유 있게 자신의 업무를 진행하지만, 신제품이 출시되는 시즌에는 특별히 더 신경을 쓰고 있다. 그래서인지 2팀이 생산하는 신제품의 출시는 언제나 정확한 일정에서 벗어나는 일이 없었다. 팀원 모두 중요성을 잘 알고 있고 온 신경을 집중하기 때문이다.

외주생산1, 2팀은 성과가 뛰어난 팀들로 이는 모두 두 팀장의 탁월한 리더십 때문이라는 평가가 지배적이었다. 그러나 두 팀장의 스타일은 사뭇 달랐다. 원 팀장이 부서의 모든 일을 하나하나 반복해서 챙기고 직접 의사결정을 하는 관리자라면, 조 팀장은 일상적인 일은 구성원에게 위임하고 필요하다고 판단되는 중요한 일은 세부 사안까지 챙기는 관리자였다.

디테일 매니지먼트로 승부해야 할 때
업무의 위임

코칭 고객사의 정기인사발표가 있었다. 모두의 예상대로 꼼꼼하기로 소문난 황 상무가 전무로 승진했다. 일 잘한다는 소문은 들었지만 실제 만나본 적이 없는 임원이었다. "황 전무님은 어떤 분이십니까?" 코칭하던 이 팀장에게 물었다. "그분 별명이 '황 대리'입니다. 더 말씀 안 드려도 아시겠죠?"

어느 회사에나 '대리' 별명을 가진 리더가 있다. 평사원이 챙길 만한 사소한 업무까지 신경 쓰는 리더를 이렇게 부른다. 관리자가 사소한 부분까지 개입하는 것을 마이크로 매니지먼트^{micro} ^{management}라고 하고 이런 스타일의 관리자를 마이크로 매니저^{micro} ^{manager}라고 부른다. 마이크로 매니지먼트와 마이크로 매니저에는 부정적 의미가 담겨 있다. 과도하게 세세한 부분까지 관리해서 구성원들을 힘들게 하기 때문이다.

마이크로 매니저와 비슷한 듯 다른 '디테일^{detail}에 강한 리더'도 있다. 세부적인 내용에 대해서 잘 이해하고 꼼꼼하게 챙길 줄 아는 경영자라는 뜻이다. 인사발표 보도자료에서 간혹 보이는 표현으로 긍정적인 평가를 담고 있다. 둘 다 세세한 부분까지 꼼꼼히 챙긴다는 의미를 가지고 있지만, 하나는 부정적으로 들리고 다른 하나는 긍정적으로 들린다. 어떤 차이가 있는 걸까.

마이크로 매니저가 부서의 모든 일을 하나하나 반복해서 챙기고 직접 의사결정을 하는 관리자라면, 디테일에 강한 리더는 일상적인 일은 구성원에게 위임하고 필요하다고 판단되는 중요한 일은 세부 사안까지 챙기는 관리자이다. 즉, 마이크로 매니저와 디테일에 강한 리더의 차이는 일의 경중의 판단과 일상적인 업무의 위임 여부에 있다.

사실 마이크로 매니지먼트 자체는 죄가 없다. 시도 때도 없이 모든 일을 꼼꼼하다 못해 쫀쫀하게 관리하는 마이크로 매니저 때문에 악명을 얻은 것이지 마이크로 매니지먼트도 필요할 때가 있다.

잭 웰치에 이어 GE의 회장이 된 제프 이멜트^{Jeff Immelt}는 하버드 경영대학원을 졸업할 때 투자은행인 모건 스탠리와 GE에서 입사 제안을 받았다. 모건 스탠리는 제프 이멜트에게 그가 GE에 들어간다면 10년은 있어야 잭 웰치를 만나 볼 수 있지만, 모건 스탠리에 입사한다면 6개월 후에는 잭 웰치를 만날 수 있을 것이라고 했다. 그러나 GE를 선택한 제프 이멜트는 입사 한 달 만에 잭 웰치와 미팅을 했다.

나는 잭 웰치의 자서전에서 이 대목을 읽고 상상해보았다. 직장을 몇 년 다니고 경영대학원을 졸업하고 입사한 직원의 직급은 회장을 쉽게 만날 수 있는 자리가 아니다. 제프 이멜트가 입사 한 달 만에 회장을 만난 것은 신입직원 간담회였거나 그가 참여한 프로젝트가 중요했기 때문이었을 것이다.

주목할 것은 신입직원 간담회였건 프로젝트 미팅이었건 회장인 잭 웰치가 참석했다는 것이다. 신입직원 간담회는 사장들이 주재할 수 있었을 것이고, 프로젝트 미팅은 고위 임원들로만 채울 수도 있었을 것이다. 잭 웰치는 필요하다고 생각하면 갓 입사한 인재들과의 대화나 실무진과의 프로젝트 미팅에도 참여했던 것이 아닐까.

이처럼 필요할 때 중요한 일을 마이크로 매니지먼트하는 것을 나는 '디테일 매니지먼트'라고 부른다. 혼자 일하지 않는 리더도 때로는 디테일에 집중해야 한다.

그렇다면 관리자는 언제 디테일 매니지먼트에 집중해야 할까? 경영학 교과서를 찾아보거나 컨설턴트에게 물어보면 십중팔구는 전략적으로 중요한 일이라고 하겠지만, 꼭 그렇지도 않다. 사소한 일도 디테일 매니지먼트를 해야 할 경우가 있다. 다음 세 가지가 디테일 매니지먼트의 대상이다.

1. 회사나 부서에서 처음 시도하는 일

2. 부서의 성과에 크게 영향을 미치는 일

3. 고객의 성과나 만족도에 크게 영향을 미치는 일

어떤 일을 디테일 매니지먼트할 것인지 일일이 규정하기는 어렵다. 때로는 관리자가 자신의 직관에 따라 정해야 하는데 이것이 관리자의 실력이다.

디테일 매니지먼트는 이렇게 실행한다. 첫째로 관리자는 해당 사안에 대해 디테일 매니지먼트를 시작하겠다고 담당자에게 '선언'해야 한다. 시작하기 전에 이 업무는 중요하니까 내가 직접 챙겨보겠다고 분명히 밝혀야 담당자들이 당황하지 않는다. 마찬가지로 사안이 종료되었을 때는 디테일 매니지먼트가 끝났다고 선언하고 다시 담당자에게 일을 돌려주어야 한다.

둘째, 사안에 따라 디테일 매니지먼트 방식을 명확히 해야 한다. 관리자가 세부 사항을 직접 결정할 것인지, 담당자들의 의사 결정에 의견만 제시하거나 참여만 할 것인지, 아니면 일의 과정을 지켜보다가 필요할 때 개입할 것인지 정해야 한다.

셋째, 소통의 빈도를 정해야 한다. 디테일 매니지먼트 상황에서는 평소보다 자주 소통하게 된다. 시도 때도 없이 자주 소통하는 것보다 소통의 빈도를 정할 필요가 있다. '그 일에 대해서는 매주 화요일 아침에 이야기합시다.' 하고 명확히 시기를 정해야 한다. 또는 '단계별로 이야기합시다.' 하고 단계를 구체적으로 정의해야 한다.

넷째, 디테일 매니저는 실무자와도 소통해야 한다. 임원하고만 회의하던 대표이사도 필요할 때는 사원이나 대리에게 직접 전화하거나 같이 회의하는 게 제대로 된 디테일 매니지먼트이다. 어떤 사안은 디테일까지 챙기는데 다른 사안은 담당자에게 맡겨 놓기만 하면 해당 직원이 섭섭해할 거 같아서 모든 사안을 꼼꼼하게 챙기고 있다는 관리자도 있다. 하지만 세상에 상사가 챙기는 걸 좋아하는 사람은 없다.

실행이 가능한 일인지 "니가 와서 해봐"
책임과 결과

처음 CEO를 맡았던 B사는 컨설턴트로 일하다 인연이 되어 입사하게 되었다. 2007년 말 B사의 주주인 채권단은 매각을 결정했다. B사에 관심이 있던 C그룹은 입찰을 준비하면서 B사 인수 후 사업 방향에 대한 컨설팅을 D사에 의뢰했다.

D사의 대표는 당시 적이 없던 내게 프로젝트 매니저^{PM}를 맡아달라고 요청했다. 일정이 빡빡한 5주짜리 프로젝트였지만 PM

을 맡기로 했다. 게다가 B사는 내가 대학을 졸업하고 입사한 첫 직장이니 회사가 어떻게 변했는지도 궁금했다. 5주 동안 크고 작은 6개의 사업을 분석하느라 컨설턴트들은 밤샘이 일상이었나. 사업별로 키우거나, 유지하거나, 매각하거나 등의 방향을 수립해 C그룹의 경영진에게 보고했다.

그런데 프로젝트 중 C그룹에서 내게 B사 인수에 성공하면 인수한 회사에 입사하는 게 어떻겠냐는 제안을 해왔다. 생각해보겠다고 했는데, 프로젝트 보고가 끝나고 의도치 않게 면접을 보게 되었다. 가만 생각해보니 입사를 하면 내가 만든 컨설팅 내용을 내가 실행해야 하는 상황이었다. 나도 모르게 헉 소리가 나왔다. 이건 컨설턴트 최악의 악몽 아닌가.

내가 쓴 컨설팅 보고서를 한장 한장 다시 뜯어보았다. 애초에 '실행 가능한가'를 계속 따지면서 보고서를 쓰긴 했지만, 직접 실무자가 되어 실행에 옮기는 건 또 다른 이야기기였다. 다행히 다시 들여다보아도 할 만하다는 생각이 들었다. 그렇게 B사에 상무로 입사했다.

입사한 지 2년이 지나 전무가 되었을 때 갑자기 컨설팅 보고서가 생각났다. 꺼내보니 보고서에서 해야 한다고 한 일과 그간 했던 일이 비슷하게 진행되고 있었다. 글로벌 진출 사업은 판매법인을 각지에 만들고 미국에 공장을 준비하고 있었다. 부진한 사업은 원가절감으로 턴어라운드를 하고 있었고, 미래를 위한 신규 사업도 시작했다. 이후 가끔 보고서를 꺼내보았다.

전무 2년차 때 CEO가 되어 5년을 일했다. 중간에 C그룹의 경영이 어려워져서 회사는 E사에 매각되었다. 나는 그렇게 B사에서 8년을 임원과 CEO로 일하고 퇴임했다. 퇴임하면서 서류를 정리하는데 그 컨설팅 보고서가 나왔다. 다시 읽어보았다. 다행히 컨설턴트로서 제안한 일을 경영자로 완료하고 회사를 떠나게 되었다.

8년 전 B사에 입사할 때 컨설팅사 D의 대표가 내게 "NWH 상황이시네요."라고 한 말이 떠올랐다. D사의 한 고객사 대표는 컨설턴트에게 "그거 NWH 가능한 이야기입니까?" 하고 따진다고 했다. NWH는 '니가 와서 해봐.'의 약자였다.

컨설팅 결과의 실행을 책임지라고 프로젝트마다 컨설턴트를 입사시킬 수는 없다. 그렇지만 컨설턴트가 '고객사가 할 수 있는 일일까?'가 아니라 '내가 하게 되어도 할 수 있는 일일까?', 또는 '내가 한다고 해도 해야 할 일일까?'를 자문한다면 컨설팅 결과에 좀 더 신뢰가 가지 않을까. 컨설턴트의 실행력은 별도로 따져볼 일이기는 하지만 말이다.

부장님의 '라떼'는
언제 애정어린 코칭이 되는가
일의 태도

한때 '라떼'라는 단어가 일터를 지배했다. 언제부터인가 상사가 자신의 과거 이야기를 시작하는 '나 때는 말이지……' 하는 표현을 젊은이들이 'Latte is a horse……'라고 재치 있게 번역한 것이다. 이탈리아어로 우유라는 명사가 한국에 와서 '내가 왕년에'가 되었다. 이후 진화하여 선배들의 경험담을 '라떼'라고 부르고, 이런 이야기를 자주 하는 사람을 '라떼 아저씨'라고 부르기도 한다.

"내가 이 대리 연차 때는 말이야 엑셀 같은 거 없었잖아. 그때 계산기로 대리점 200개 실적 집계를 하루 만에 끝냈었지." 김 부장이 라떼를 시작하자 이 대리는 들리지 않게 중얼거린다. "그래서요? 어쩌라고요?"

사실 김 부장이 하고 싶은 말은 '나는 대리 때 밤 새워 일했는데 니들은 왜 그렇게 일찍 퇴근하니?'이다. 그렇지만 김 부장도 알고 있다. 그렇게 대놓고 이야기했다가는 평판만 나빠지고 다면 평가 점수도 내려간다는 걸. 이 대리가 "부장님 대단하셨네요!" 하고 공손히 맞장구를 쳐도 그의 속마음은 '일만 제때 하면 되지 별 걸 다 간섭이네.'라는 걸.

젊은 직원들은 상사의 무용담과 고생담을 왜 듣기 싫어할까? 무용담에서도 배울 게 있지 않을까? 모든 라떼가 듣기 싫은 것은 아니다. 라떼가 듣기 싫을 때는 라떼의 의도가 듣는 사람의 일에 대한 태도를 지적하려고 할 때이다.

과거에는 상사가 시키는 대로 명령과 통제에 따라 일을 했다. 이제는 일의 목적과 목표가 정해지면 구체적으로 일하는 방식은 일하는 사람에게 맡긴다. 일에 대한 태도도 일종의 일하는 방법이다. 요즘 구성원들은 일하는 태도까지 정해주는 것은 과거 회귀적이고 과도한 간섭이라고 생각한다.

굳이 태도에 대해 이야기해주고 싶다면 라떼를 활용하기보다 태도가 성과에 주는 영향에 대해 말하는 것이 좋다. 예를 들어, "이 대리, 대리점 실적집계를 매달 2일 내에 마쳐야 하는데 시간이 충분하겠어?" 또는 "고객사 담당자와 통화하는 걸 들었는데 그쪽에서 좀 기분나빠하지 않았을까?"와 같은 방식으로 이야기해주어야 한다.

모든 라떼가 가치 없는 것은 아니다. 일에 구체적으로 도움이 되는 라떼도 있다. 일하는 방법에 대해 아이디어를 얻을 수 있는 라떼이다. 사실 라떼만큼 디테일하게 일하는 방법에 대해 들을 수 있는 수단은 드물다. 우수한 성과를 냈던 상사의 업무 방법에 대한 이야기를 들으면 지금 하고 있는 일에 적용할 아이디어를 얻을 수도 있다.

라떼가 부하의 일과 삶에 의미를 주기도 한다. 지금 구성원이 고민하고 있는 관계나 경력 문제의 해결책을 상사의 고생담에서 발견할 수도 있다. 일과 삶의 의미와 해결책을 상사가 잘 전달해 주어야 하겠지만 부하가 발견해야 할 필요도 있다.

라떼의 내용 만큼 라떼를 전달하는 방법이 더 중요하다고 느낄 때가 종종 있다. 경영자 코치들이 그런 상황에 놓일 때가 많기 때문이다. 코치야말로 라떼 거리가 많은 사람이다. 임원이나 CEO로 일했던 경우가 많으니 무용담도 좀 많겠는가. 사실 나도 '한 라떼' 한다.

코칭의 원칙은 코치가 해답을 주기보다는 코칭을 받는 사람이 스스로 답을 찾아내게 도와주는 것이다. 그래서 코치는 라떼 이야기를 하지 않으려고 무척 조심한다. 그렇지만 코칭 중에 "코치님은 저와 비슷한 경험이 있으셨습니까?", "코치님 생각은 어떻습니까?" 하고 코치의 의견을 구하는 사람을 드물지 않게 만난다.

이럴 때 코치는 "제 경험을 말씀 드려도 좋겠습니까?"라고 허락을 구하고 이야기를 시작한다. 이야기를 끝내고 나서는 "제 경험을 듣고 어떤 생각이 드셨습니까?" "제 얘기를 듣고 무엇을 해보고 싶으십니까?" "제 얘기에서 적용해보기 어려운 게 무엇입니까?" 하고 피코치자가 생각을 확장할 수 있도록 유도한다.

마찬가지로 김 부장이라면 "내가 과거에 이 대리와 비슷한 상황이 있었어. 도움이 될 거 같은데 한번 들어볼래?"하고 먼저 물어보고 이야기를 시작해보라. (절대 이 대리는 싫다고 하지 않을 것이다.) 끝나고 "도움이 되는 게 있었나?"하고 의미를 찾도록 하는 걸 잊지 않아야 한다. 허락을 구하는 순간 라떼는 더 이상 무용담을 빙자한 잔소리가 아니라 상사의 애정 어린 코칭이 된다.

서점에서 보는 회고록이라는 게 결국 방귀 좀 뀌던 사람들의 '라떼 모음집'이다. 나라를 구했거나 맨손에서 부자가 된 사람들의 인생도 작은 라떼의 집합이다. 그들의 회고담과 내 라떼의 차이는 의미를 끌어냈느냐에 있다.

어떤 도움이 될 수 있을까 하는 마음으로 자신의 경험에서 스토리와 메시지를 다듬어보라. 단, 과거에 머무르지 말고 현재와 미래에 가치를 두고 말이다.

☑ 체크포인트

- 일의 현장에는 사소한 업무까지 개입하는 마이크로 매니지먼트, 세부적인 내용을 이해하고 꼼꼼하게 챙기는 디테일 매니지먼트가 있다. 둘의 차이는 일의 경중의 판단과 일상적인 업무의 위임 여부에 있다.

- 마이크로 매니저는 직접 의사결정을 하는 관리자, 디테일 매니저는 구성원에게 위임하는 관리자이다.

- 일하지 않는 리더도 때로는 디테일에 집중해야 한다.

- 일의 태도에 대해 이야기하고 싶다면 자신의 경험보다 태도가 성과에 주는 영향을 말해야 한다.

리더의 일이란 많은 실무를 하는 것도,

모든 직원의 일을 확인하고

부족한 부분을 대신 채우는 것도 아니다.

리더란 직접 일하지 않고

'남을 통해 성과를 내는 사람'이기 때문이다.

6장

통할 때까지
소통하라

인내와 소통의 달인
김 회장 이야기

교육회사인 H사는 창업자가 경영 일선에서 물러나면서 대기업 CEO 출신 전문 경영인 김 회장을 선임했다. 경영진 교체 후 얼마 지나지 않아 공채 신입사원을 모집했고, 그들이 입사 1년이 되었을 때 회사의 직원 교육 시스템과 공채 신입사원들의 근무 만족도 등에 대한 전반적인 조사가 이뤄졌다.

H회사는 전국 지점망을 통해 교사를 파견해 초등학생의 학습 지도를 하는 사업이 중심이었다. 신입사원은 현장의 프로세스 파악을 이유로 일주일에 이틀은 지점으로 출근해 현장 교사 실습을 병행했다. 실습이었지만 영업 목표가 주어져 압박이 심했고, 무작위로 배치된 지점은 거주지에서 멀어 통근이 힘든 경우가 많았다. 소속 부서에

서는 부서 업무를 우선시하라고 압력을 넣었다. 이런 상황 때문인지 신입사원의 만족도는 5점 만점에 1점대를 기록하고 있었다.

만족도 결과를 보고 받은 김 회장은 인사부장에게 신입사원과의 간담회를 소집하라고 지시했다. 그는 합리적이면서도 불같은 카리스마를 가지고 있었다. 직원들은 불똥이 떨어질까 긴장하지 않을 수 없었다. 조사에 응한 신입사원들도 당황하기는 마찬가지였다.

신입사원 20여 명이 모인 회의실에 김 회장이 종이 한 장을 들고 나타났다. "다들 벌써 입사한 지 1년이 되었습니다. 고생들 많았어요. 하고 싶은 얘기가 많은 모양이던데 한 사람씩 얘기해봅시다. 자네부터 시작해볼까?" 오른쪽에 앉아 있는 A사원을 지목했다.

A사원은 갑작스러운 지목에 당황해 어쩔 줄을 몰라 했다. 정적 속에서 1분쯤 흘렀을까. 김 회장은 다시 "음, 그래. 준비되는 대로 얘기해 봐." 하고는 다른 사원들을 훑어보았다. A는 여전히 의견을 말하지 못했다. 김 회장을 제외한 참석자 모두는 이 침묵이 불편했다. 회장은 살짝 미소까지 띠고 A4지에 낙서라도 하는지 펜으로 뭘 끄적이다가 신입사원들을 바라보다가 하면서 A가 말하기를 기다리고 있었다.

시간은 계속 흘렀다. 마침내 50분 같았던 5분이 지났을 때 드디어 침묵이 깨졌다. A의 머릿속이 정리된 것 같았다. 발언은 길지 않았다. 회장은 A사원 옆에 앉은 B사원을 지목했다. B가 이야기한 후 한 사람씩 돌아가며 자신의 의견을 이야기하기 시작했다.

리더가 침묵해야 할 때
열린 소통의 자세

많은 리더가 자신의 방은 항상 열려 있으니 언제라도 와서 하고 싶은 이야기를 하라는 '오픈 도어 폴리시Open Door Policy'를 표방한다. 실제로 문을 열어 두는 리더도 많다. 그러나 실제 면담을 요청하는 구성원은 거의 없다. 아무리 편하게 소통하려 노력해도 상사이고 평가자이니 어렵게 느낀다.

오픈 도어 폴리시가 원활하게 작동하는 직책도 있다. 바로 노조위원장이다. 점심시간 노조 사무실은 노조원으로 가득하다. 위원장실은 이야기하려는 사람으로 북적인다. 선출직인 노조위원장과 인사권이 있는 경영자는 조직의 구성원들에게 이렇게 다르게 다가온다.

조직에서 제대로 된 소통을 하려면 아랫사람의 말을 듣겠다는 윗사람의 강한 의지가 필요하다. 윗사람이 자신의 생각을 말하는 것에 비해 아랫사람이 윗사람에게 솔직한 생각을 이야기하는 것이 열 배쯤 힘들기 때문이다. 오픈 도어 폴리시는 구성원들이 찾아오기를 기다리겠다는 자세다. 그러나 리더라면 기다리지 않고 구성원에게 먼저 다가가 소통해야 한다.

소통의 노력은 쌍방이 일대일이어야 원활하다. 하지만 상사 대부하의 노력은 현실에서 1대 10 정도이니 부하가 좀 더 노력한다고만 해서 될 일은 아니다. 시어머니가 며느리를 딸같이 생각한다고 해서 며느리에게 시어머니는 친정어머니가 될 수 없다. 윗사람은 편하게 말하라고 하지만 아랫사람은 여전히 어렵다.

김 회장의 기다림은 소통하려는 의지였다. 그는 입을 열지 못하고 있는 A를 채근하지 않았다. 자신의 말로 침묵을 채우려고 하지도 않았다. 소통하려면 때로는 침묵도 필요하다. 구성원이 말할 때까지 기다리는 것은 리더의 소통 의지를 보여준다. 나는 꼭 그대의 생각을 듣고 싶다는 의견의 표명이다.

우리 시대의 보통 관리자인 전략사업팀의 C팀장은 자신의 다면평가에서 "소통이 부족하다.", "직원들의 말에 귀 기울이지 않는다." 등의 부정적 평을 받았다. 그는 즉시 팀 회의를 소집했다.

"여러분이 우리 팀은 소통이 부족하다고 느끼는 거 같네요. 어디 할 얘기가 있으면 해봅시다." 5초가 지났다. "힘든 일이나 내가 고쳐야 할 점이 있으면 편하게 이야기해보세요." 다시 5초가 지났다. "요즘 일이 많아서 힘들다고 생각하는 거 같은데 내가 신입사원 때는 말이죠……." C팀장은 자신의 소싯적 이야기를 10분쯤 늘어놓았다. "할 얘기들 없어요? 할 얘기 있으면 나중에 언제라도 해주세요." 결국 발언한 사람은 팀장 외 아무도 없었고 회의는 끝났다.

C팀장은 옆 팀 D팀장과 커피를 한잔 했다. "요즘 직원들은 소통이 없다고 하면서 얘기를 시키면 말을 안 해, 말을. 그러면서 소통이 없어 불만이라고 한단 말이야."

리더는 소통을 위해 구성원에게 먼저 다가가서, 통할 때까지 소통의 노력을 기울여야 한다. 5분의 침묵은 참석자 모두에게 보통 불편한 자리가 아니었을 것이다. 그러나 리더로서 구성원의 말을 진정으로 들으려는 김 회장의 리더십을 보여준 시간이었다.

구성원의 쓴소리를 듣겠다는 리더의 의지는 무엇보다 이후의 실행으로 입증되어야 한다. 김 회장은 간담회가 끝나고 담당 임원을 호출했다. "박 상무, 아까 사원들이 한 이야기를 검토해서 바로 실시할 수 있는 거, 안 되는 거, 검토해볼 거로 나눠서 정리해 봐. 정리되는 대로 신입사원들에게 얘기해주고. 그리고 실시한 것과 검토된 내용을 나한테 매주 보고해."

1년 후 간담회에 참석했던 신입사원들을 대상으로 다시 만족도 조사를 했다. 평점이 4점을 넘었다. "간담회 때 나온 제안이 하나씩 실행되는 것을 보면서 입사하기 잘했다는 생각이 들었습니다." 지금 직원들과 소통이 어렵다고 생각된다면 김 회장의 침묵을 떠올려보는 것은 어떨까.

때론 부드럽게 때론 단호하게 쌍방향으로
리더의 소통법

리더는 조직의 구성원들과 어떻게 소통할까. 리더의 대표적인 소통 수단으로는 지시와 명령이 있다. 회사의 일은 리더의 지시와 함께 시작되며, 리더의 지시로 결정된다. 명령은 일방향의 강제성을 띠고 있어 양방향성을 가지는 소통이라고 보기는 어렵다. 하지만 많은 리더가 자신의 원칙을 고수하기 위해 조직에서 명령을 사용하려 한다.

임원 시절 나는 사람 좋다는 이야기를 많이 들었다. 혹자는 좋은 평가가 아니냐고 말할지도 모르겠지만, 우유부단하고 리더에게 필요한 카리스마가 결여되었다는 평이기도 했다. 조직의 구성원들이 보기에는 소통이 잘되고 사람 좋은 상사임에 분명했다. 그렇지만 다른 임원들이나 상급자가 보기에 좋은 모습만은 아니었다.

구성원들과의 소통에는 문제가 없었다. 그렇지만 상급자들은 사람 좋다는 얘기만 들어서 일이 되겠냐고 했다. 나는 사람 좋다는 평을 듣는다고 일이 안 되는 것도 아니니 문제없다고 생각했다. 관장하는 조직이 점점 확대되면서 강력한 리더십을 보여줘야 할 시기가 찾아왔다. 그래서 가끔은 언성을 높이거나 단호한 말투로 지시 사항을 명령했다.

어느 날 경영지원본부의 송 과장이 조심스럽게 질문했다. "상무님, 요즘 늘 화나 있으신 것 같습니다. 집에 무슨 일 있으세요?" 이야기를 듣는 순간 창피해 얼굴이 달아올랐다. 단호하게 말하거나 언성을 높이는 건 내게 맞는 방법이 아니었다. 원래의 성격대로라면 일의 목적과 방향을 공유하고, 구성원들의 의견을 들어주며, 무엇을 도와줄지 먼저 물었을 것이다.

강해 보이는 임원이 되어보겠노라고 나답지 않은 행동을 한 것에 후회했다. 목소리를 높여야 할 때와 그렇지 말아야 할 때를 가리지 못했다. 앞으로 강해 보이기 위해 꾸며서 화를 내거나 목소리를 높이는 짓은 절대 하지 않겠다고 마음먹었다.

이후에는 내 성격과 스타일대로 동료와 직원 들을 대했다. 단순한 실수였거나 몰라서 잘못한 일은 나무라지 않았다. 일하는 방법을 점검해보고 앞으로 그런 일이 발생하지 않으려면 어떻게 해야 하는가에 초점을 맞추는 것이 내 역할이라고 생각했다. 무슨 이유로 그렇게 했는지, 그 방법이 좋다고 생각한 이유는 무엇인지, 진행하면서 잘못되고 있다고 생각했는지, 그랬다면 고치지 않은 이유가 무엇인지, 앞으로 어떻게 해야 한다고 생각하는지를 하나씩 물어보고 그들의 답을 들었다.

거짓말을 하거나 보고를 뭉개거나 구태의연하게 일할 때는 단호하게 잘못되었다고 알려주었다. 시간이 지나자 필요할 때 화도 조절하면서 낼 수 있게 되었다. 1년에 한두 번 정도 큰 소리로 화를 내는 것은 때로는 조직을 관리하는 데 효과적인 방법이되었다.

리더가 소통하기 위해 자신의 성향을 바꿀 필요는 없다. 단호한 성격을 억지로 부드럽게 할 필요도 없고, 나처럼 억지로 카리스마를 끌어내려 애쓸 필요는 더더욱 없다. 회사에서의 소통이란 뜻과 의견을 교환하는 일이다. 리더가 먼저 귀를 열고 모든 구성원의 의견을 경청하고, 때로는 부드럽게, 때로는 단호하게 자신의 의견을 피력하며 조직을 이끌어가야 한다.

효율적인 소통을 위한 이메일 활용법
이메일 리더십

CEO 시절 내 별명은 '이메일 중독자'였다. 거의 모든 업무를 이메일로 지시하고 의견이나 자료 요청도 이메일로 했다. 본부장일 때는 직원들을 사무실로 불러 이야기를 나누거나 간단한 일은 전화 통화로 해결했지만, 대표가 되면서 일의 범위가 엄청나게 확장되면서 같은 방식을 고수하기가 어려워졌다. 대표의 일이란 동시에 여러 명의 임원, 팀장과 소통해야 했다. 여러 본부와 부서, 심지어 자회사와 해외법인까지 포함되어 있기 때문이다. 그때마다 사람들을 불러 모을 수는 없으니 이메일 사용이 잦아졌다.

이메일의 장점은 일대일 소통은 물론, 일대다 또는 다대다 소통이 가능하다는 것이다. 다른 사람이 같이 들어야 하는 이야기는 반드시 이메일로 했다. 대면 회의에서는 같은 이야기도 참석자마다 다르게 이해할 때가 있지만, 이메일로 전달하면 최소한 서로 다른 소리는 하지 않아서 좋았다.

회의에서 결정된 내용은 부서 회의에서 부서원들에게 공유된다. 그러나 회의에 참석하지 않은 사람이 내용을 제대로 이해하고 실행하기 쉽지 않을 때가 있다. 말이란 공감하지 않으면 전달력이 떨어지기 때문이다. 그렇다고 예전처럼 전 사원을 대상으로 월례조회를 할 수도 없는 노릇이었다. 이메일은 조직의 모든 곳에 보내는 사람의 목소리가 닿을 수 있는 방법이었다.

소통의 효과가 크다는 점도 마음에 들었다. 직원들은 회의 때 전해 들은 한마디보다 직접 받은 이메일의 한 문장을 더 깊이 받아들였다. 어쩌다 받는 대표의 메일이라서 그런 것도 같고, 말은 사라지지만 글은 보관이 가능해서인 것도 같다. 메시지를 전달하는 것 외에도 이메일을 통해 할 수 있는 일은 다양하다. 조직

내 소통의 원칙을 세우거나, 대표의 관심을 직접적으로 보여주거나, 일의 책임과 권한을 명확히 할 수 있다.

그렇다고 무턱대고 이메일을 써서는 안 된다. 업무상 보내는 이메일에는 원칙이 있다. 첫째, 이메일을 받으면 바로 답장한다. 거창할 필요 없이 간단히 답한다. 바로 답할 수 없는 의견을 묻는 메일에는 언제쯤 답을 주겠다는 답장을 보낸다. 이메일은 전화나 카톡과 달리 못 받았다는 핑계를 댈 수 있는 소통 수단이다. 이메일을 받고 반드시 한 줄 답을 보내면 수신자와 발신자 모두가 효율적으로 일할 수 있다.

둘째, 이메일을 작성할 때 참조에 정확히 관련된 사람을 포함시킨다. 리더가 본문에 "참조에 포함된 관련 부서장과 협의하여"라고 써넣으면 받는 사람을 편하게 만든다. 모든 사람이 관련 업무를 주시하고 있는 것은 아니다. 그렇지만 참조에 관련자들의 이름을 넣고, 메일에 다시 언급해주면 집중해달라는 무언의 경고가 된다.

셋째, 이메일 참조에 포함해달라고 요청하는 경우도 있다. 외부에 발송하는 메일이나 다른 부서와의 업무 메일에 상사가 참조에 들어간다면 수신인에게는 해당 메일의 중요성이 강조될 것이고, 작성자에게는 상급자가 해당 업무를 중요하게 생각하고 있다는 든든한 지원처럼 느껴질 것이다.

리더는 끊임없이 소통해야 한다. 구성원이 말하기를 기다리지 않고 먼저 다가가서 소통을 청해야 한다. 먼저 다가가더라도 구성원은 선뜻 말을 꺼내기가 힘들다. 그럴 때는 기다릴 줄도 알아야 한다. 소통의 방법이 굳이 대화일 필요는 없다. 이메일이나 업무 메신저, 전자결재의 첨언 등 다양한 방법으로 소통이 가능한 시대가 되었다.

리더로서 나의 소통 습관 중 잘못된 점을 공유해본다. 한밤중이나 주말에 메일을 보내는 거다. 부서장에게 할 얘기가 떠오를 때면 메모를 하느니 이메일을 바로 보냈다. 퇴근 후에는 회사 이메일을 열어보지 않을 것이라는 생각에서였다.

보내는 사람이 있으면 열어보는 사람도 있을 거라는 건 왜 생각하지 못했을까? 리더는 구성원과 수평관계에 있다고 말하지만, 그걸 곧이곧대로 받아들이는 사람은 없다. 그렇기 때문에 소통할 때는 세심하게 상대를 배려해야 한다. 김 회장의 침묵처럼 진심이 통할 때까지 상대를 존중하며 소통해야 한다.

✓ 체크포인트

- 조직에서 제대로 된 소통을 하려면 아랫사람의 이야기를 듣겠다는 윗사람의 강한 의지가 필요하다.

- 오픈 도어 폴리시는 구성원들이 찾아오면 열린 소통을 하겠다는 리더의 자세다.

- 회사에서의 소통이란 서로 뜻과 의견을 교환하는 쌍방향의 일이다. 리더는 먼저 다가가서 통할 때까지 소통의 노력을 기울여야 한다.

- 이메일의 장점은 조직의 모든 곳에 보내는 사람의 목소리가 닿는다는 것이다.

- 업무상 보내는 이메일에는 세 가지 원칙이 있다. 바로 답장할 것, 작성 시 관련한 사람을 참조할 것, 필요시 참조를 요청할 것이다.

사람들은 '책임'을 '책임을 지다'의

뜻으로만 받아들이고 움츠러든다.

리더는 책임을 지기 이전에 책임을 다해 일해야 한다.

책임을 다해 일했다면

책임지고 회사를 떠날 일은 적을 것이다.

책임을 다해 일할 수 있었다면

책임질 일이 생겨도 억울하지 않을 것이다.

7장

구성원의
역량을
계발한다

퇴사를 고민하는 신입사원
오 사원 이야기

D엔지니어링의 오 사원은 플랜트설계팀에서 5년 만에 뽑은 신입사원이다. 낮은 유가로 엔지니어링 업계는 꽤 오랜 시간 동안 정체기에 있었다. 인력 채용을 최소로 하고 프로젝트 단위의 계약직 경력 채용만을 하다 보니 신규 공채 자체가 없었다.

5년 만의 신규 채용이라 무려 200대 1의 경쟁률을 뚫고 입사한 오 사원은 입사 초기부터 선배들의 관심을 독차지했다. 이곳저곳 불려다니며 점심과 회식 등에 참석하느라 개인 시간이 없을 정도였다. 신입사원의 부푼 꿈을 안고 입사한 지 6개월 차, 그의 주요 업무는 설계가 아니라 팀 비로 간식사기, 점심메뉴 정하기, 화초에 물주기, 동호회 및 회식 장소 섭외 등이었다. 전공을 살려 설계 실무를 바로 진행하게 될 것이라는 기대와는 달리 김 차장님의 서류를 복사하거나 설계도면을 출력하는 게 다였다.

이런 일을 하려고 200대 1의 경쟁률을 뚫은 것은 아닌데……. 이 회사가 보수적인 곳이라 그런 것일지도 몰라 취업에 성공한 대학 동기들의 단톡방에 들어가보았다. 모두 비슷한 처지였다. 벌써 회사를 그만두고 대학원 진학을 준비하는 동기도 있었다.

고심 끝에 더 이상 쓸데없는 일에 시간을 낭비하고 싶지 않다는 굳은 결심으로 팀장님께 면담을 요청했다. 담당 업무와 관련한 고민을 이야기했더니 돌아오는 대답은 다음과 같았다. "오 사원, 우리 다 그렇게 일하면서 배웠어. 좀 기다려 봐. 때 되면 일하기 싫어도 해야 할 날이 온다고." 그러니까 그때가 언제냐고요. 대학원을 가거나 좀 더 실무를 배울 수 있는 회사로 이직을 해야 할까 고민이 된다.

회의록 작성부터 토너 교체까지,
잡무는 누구의 일인가
신입사원의 육성

내가 직장 생활을 시작했을 때 부서경비 관리는 '서무'라고 불리는 업무보조사원의 몫이었다. 식대, 교통비 등의 비용을 정리하고 사용 한도를 넘지 않게 관리하는 일로 그들은 대개 부서의 막내였다. 지금도 여전히 부서의 경비 관리는 막내들의 몫인 것 같다. 지금은 대리 말년차인 큰 딸아이가 회사에 입사한 지 얼마 안 되었을 때 매월 말일이 되면 자기 일은 제쳐놓고 부서경비 업무에 매달렸다.

이제 막 대리가 된 작은 딸이 입사 초에 맡았던 업무 중 하나는 부사장님 방의 화분 물주기였다. 부사장님 방에서 가장 가깝게 앉아 있고 또 그 층에서 가장 신입이기 때문이라고 했다. 여름휴가 때 딸아이는 깜빡 잊고 화분에 물을 주지 않아 화초가 말라버리지 않을지 내내 걱정했다.

국내 기업은 신입사원이나 막내에게 '잡무'와 '보조 업무'를 맡기는 것이 관행이다. 부서경비 정리, 사무용품 신청, 정수기 관리, 화분 물주기, 복합기 토너 교체 같은 일은 잡무이다. '부서경비 관리가 왜 잡무냐, 그건 예산관리이고 예산관리는 중요 업무이다.'라고 같은 팀의 선배가 말한다면 '그렇게 중요한 일이면 선배님이 하셔야 하는 거 아닌가요?'라고 말해보라. 아무리 중요한 척해도 잡무는 잡무이고, 잡무는 대개 부서 신입사원의 몫이다. 모든 막내가 신입사원은 아니다. 오랫동안 충원계획이 없어 10년째 막내인 과장도 있다. 장수마을 노인정에 가면 70대 노인이 막걸리 심부름을 한다더니 그와 다를 바 없다.

신입사원의 업무 중 보조 업무란 특징 업무나 프로젝트를 담당하는 선배를 돕는 일이다. 고객사와 가진 회의의 회의록 작성, 업무 협조 요청 같은 일도 있지만, 화상회의나 회의실 예약, 자료 복사 같은 잡무도 있다. 이런 보조 역할을 통해 큰 업무가 돌아가는 것을 지켜보면서 문서 작성, 회사 내외에 대한 소통 방법을 배울 수 있다. 보조 업무는 신입사원에게는 일하는 방법의 기본을 배우면서 내가 갖춰야 할 실력을 가늠해보는 의미가 있다.

신입사원은 언제까지 일반 업무에서 벗어난 중요하지 않은 일만 해야 할까? 그들은 육성해야 할 자원으로 회사는 그들을 채용할 때 팀원 한 사람의 역할을 수행할 것을 기대하면서 뽑았다. 그렇다면 가능한 빨리 신입사원이 제 할 일을 하도록 육성해야 한다. 그것이 리더의 일이다.

신입사원을 앞서 이야기한 잡무와 보조 업무에서 해방시키기 위해서는 먼저 개인의 잡무나 보조 업무는 구성원 개인이 하도록 하고, 공통 잡무는 나눠서 해야 한다. 무조건 신입사원에게 잡무를 맡기지 말라고 주장하는 것은 아니다. 그렇지만 신입이 조기에 한 사람 몫을 하기를 바란다면 모든 잡무를 몰아주는 것은 바람직하지 않다. 인원이 많은 부서라면 잡무만 모아도 한 사람 이상의 일이 된다. 부서 잡무를 하느라 자신의 시간 대부분을 사용하는 신입사원이 있다면 무언가 잘못된 것이다.

과거의 서무와 같이 부서의 잡무나 보조 업무를 도와주는 업무보조사원은 조직의 생산성 향상을 위해 필요하다고 생각한다. 그렇지만 인건비 절감을 위해 요즘은 잘 채용하지 않는다. 이런 상황에서 과거와 비슷하게 잡무를 신입사원과 평사원에게 몰아주는 것은 합당하지 않다. 팀장이 스스로 공통 잡무를 하나 맡는다면 선배들도 잡무를 하나씩 맡는 데 불만이 없지 않을까. 새로운 관행을 만들어 나갈 필요가 있다.

선배들이 잡무를 덜어주어 여유가 생긴 신입사원은 무엇을 해야 할까. 잡무나 보조 업무에서 벗어나 제 밥값을 하고 홀로 서는 데 집중해야 한다. 먼저 부서장은 6개월이든 1년이든 시점을 정해놓고 그때가 되면 신입사원이 '담당자'로서 역할을 수행하도록 한다는 목표를 세워야 한다. 그때까지는 잡무성의 부서 살림도 해보고 선배들을 도우면서 업무를 배우도록 해야 한다. 정해놓은 시점이 되면 담당 업무를 시작하게 하고 부족한 점은 상사와 선배들이 돕도록 한다.

신입사원이 조직에서 한 사람의 역할을 하는 시점은 업무마다 다르다. 그 시점은 대개 마감이나 시즌을 두 사이클 정도 경험했을 때이다. 회계는 연 단위 결산을 두 번 이상, 영업이나 마케팅도 영업 시즌을 두 번쯤 겪어보아야 한다. 생산은 연간 유지보수나 신증설을 두 번, 연구개발은 프로젝트를 두 개쯤 해보아야 한다. 리더는 신입사원이 두 번의 사이클을 신속하게 경험할 수 있도록 만들어야 한다. 혼자 고군분투하기도 하고 선배의 지도를 받으면서 쌓는 경험은 그를 한 사람의 구성원으로서 성장하게 만들 것이다.

요즘 신입사원들은 가르쳐 일할 만해지면 그만둔다고 관리자들은 한숨을 쉰다. 그렇지만 젊은 직원들이 회사를 떠나는 가장 큰 이유 중 하나는 성장의 기회를 찾지 못하기 때문이다. 빠른 기간 내에 역량을 쌓고 제 역할을 할 수 있다는 확신이 선다면, 성장의 경로의 출발점에 자신이 서 있다는 것을 알게 된다면 많은 신입사원이 그렇게 쉽게 회사를 떠나지 않을 것이다.

퇴임 후 인사팀 과장이 되고 싶었던 이유
조직 파악하기

리더는 사람과 조직에 대해 언제나 관심을 기울여야 한다. 자신이 제 역할을 하고 있는지 생각하고 점검한다. 구성원들이 제대로 일할 수 있도록 배려하고 있는지, 너무 세세하게 업무 지시를 해서 시키는 대로만 하고 있지는 않은지, 또는 너무 방치하고 있는 것은 아닌지 살펴보아야 한다.

또한 사람을 제대로 키우고 있는지, 무엇보다 신입사원들이 제대로 일을 배우며 성장하고 있는지, 그들이 소속감을 느끼며 성장할 수 있다고 생각하는지, 후계자는 있는지, 자신의 자리를 지키기 위해 후계자를 양성하지 않는 것은 아닌지도 살펴야 한다.

사람과 조직을 지켜보는 데는 구성원과 직접 이야기를 나눠보는 것이 기본이다. 그렇지만 대부분의 구성원은 자신의 회사생활이 어떤지, 부정적인 태도를 보이는 동료가 누구인지 잘 이야기하지 않는다. 나무랄 일은 아니다. 그것도 인간의 본성이니까.

CEO와 임원이라면 부서장과의 대화와 더불어 인사부서를 통해 조직에 어떤 일이 일어나고 있는지 파악해야 한다. 부서장이라면 구성원과의 대화와 함께 인사부서를 통해 자신의 부서에서 들려오는 이야기를 엿듣는 것도 방법이다. 인사부서는 인사

평가, 승진심사, 급여지급만 담당하는 부서가 아니다. 회사 전체와 각 부서가 효율적으로 운영되도록 지원하는 부서이다.

인사부서장과 그 구성원은 회사에서 가장 솔직한 사람들이어야 한다. 인사팀의 말단 대리가 구성원 사이에 떠도는 대표이사의 부정적인 행동이나 태도를 대표 면전에서 구두로 보고할 수 있어야 한다. 그렇게 하려면 인사팀은 회사 내에서 가장 발이 넓은 사람들이어야 한다. 어려운 일이 생겼을 때 구성원이 가장 먼저 의논할 수 있는 사람들이어야 하기 때문이다.

대표로 승진하기 전에 나는 경영관리본부장으로 인사도 맡고 있었다. 어느 날 일정표를 살펴보다가 인사팀장에게 보고를 받거나 대화하는 시간이 많다고 새삼 느꼈다. 시간을 계산해보니 지난 3개월간 무려 업무시간의 40퍼센트를 인사팀장과 얼굴을 맞대고 있었다. 대표가 된 후에도 그와 보내는 시간이 줄어드는 느낌이 들지 않았다. 여전히 30퍼센트 정도의 시간을 그와 보내고 있었다.

얼마 전에 CEO를 퇴임한 선후배들과 대화하다가 영화 〈인턴〉의 주인공처럼 직급과 관계없이 일할 기회가 주어진다면 어느 부서에서 일하고 싶은지를 이야기해보았다. 중소기업의 전산실장으로 일하고 싶다는 후배, 백화점의 문화센터 운영자가 되고 싶다는 선배도 있었다. 나는 회사의 모든 일에 주시하고 많은 사람과 교류하는 인사팀 과장으로 일하고 싶다.

조직이라는 밭에는
고구마와 감자가 함께 자란다
고구마형과 감자형 구분법

Y대표는 몇 년 전에 텃밭을 마련했다. 도시에서 나고 자란 그는 주위의 조언에 따라 이런저런 채소와 과일을 심어보았다. 경험이 없으니 비료를 잘못 써서 작물을 죽이기도 하고 바빠서 돌보지 못해 말려 죽이기도 했다. 그는 텃밭 농사를 통해 많은 것을 배웠다. 그중 대표적인 구황작물인 고구마와 감자는 비슷해 보이지만 전혀 다른 성질을 가지고 있었다. 고구마는 돌보지 않아도 쑥쑥 잘 크는 데 반해 감자는 비료도 주어야 하고 손이 많이 갔다. 회사에서 일하는 직원들도 고구마와 감자 같다고 생각했다.

고구마형 직원은 일에 대해 자세히 지시하거나 진도를 챙기지 않아도 자신이 잘 알아서 하는 직원이다. 이런 직원은 일을 주면서 자세히 설명하거나 중간에 진행 상황을 물어보면 표정이 밝지 않다. '알아서 잘할 텐데 뭘 그렇게 챙기실까.' 하는 표정이다. 적절한 책임과 권한만 주면 일의 세세한 부분과 방법은 스스로 정해서 진행하고 싶어 한다는 특징이 있다. 고구마형 직원은 대개 업무 경험이 많은 고참 직원이다. 그렇지만 신입 직원 중에도 주도적으로 일하고 싶어 하고 간섭받기 싫어하는 직원도 있다. 업무 경험이 충분하다고 고구마형이 되는 것은 아니다.

반면에 감자형 직원은 일을 시작할 때 자세히 설명해주고 일 중간에도 진행을 점검해보아야 하는 직원이다. 대부분의 신입사원은 감자형이다. 이들은 업무를 잘 모르니 자세한 설명과 진도 관리가 필요하다. 그렇지만 경험이 많은 고참 직원 중에도 감자형이 있다. 그들은 업무를 어떻게 할 것인지 상사와 이야기를 나누고 싶어 한다. 또한 중간 보고가 굳이 필요 없는 데도 업무 중간에 상사에게 진행을 보고하고 이야기를 나누려고 한다.

부서장들은 감자형 직원은 "손이 많이 간다."라고 표현한다. 손이 간다는 것이 반드시 부정적인 의미는 아니다. 부서장의 손이 많이 간다는 것은 부서장과 소통하려고 하고 과정을 꼼꼼히 점검받으려고 한다는 것이다. 결과가 중요하다고 생각하는 직원이 고구마형 직원이라면 감자형은 노력과 과정도 중요하다고 생각한다.

부서장에도 고구마형과 감자형이 있다. 고구마형 관리자는 부서원들이 알아서 잘할 거라고 믿고 일을 맡기고, 감자형은 세부적인 것까지 지시하고 하나하나 챙긴다. 문제는 많은 부서장이 자신과 다른 유형을 받아들이지 못한다는 데 있다. 조직이라는 밭에는 감자와 고구마가 골고루 자라고 있는데, 부서장이라는 농부는 밭에 감자만 있거나 고구마만 있다고 여기고 농사를 짓는다. 그런 밭에서는 고구마가 잘 크지 못하거나 감자가 죽어버린다.

많은 직원이 일을 통해서 성장한다. 관리자는 고구마형과 감자형 직원 모두를 살펴야 한다. 혼자서도 잘하는 직원은 스스로 일을 풀어나가도록 하고, 지도와 관심을 필요로 하는 직원은 꼼꼼히 챙긴다. 그러기 위해서 관리자는 부서원의 성향을 빠르게 파악하며 자신은 두 성향 모두를 헤아릴 줄 알아야 한다. 그래서 리더의 자리는 쉽지 않다.

지금까지 국내 기업의 관리자들은 자신이 어떤 부류냐에 따라 구성원을 획일적으로 관리해왔다. 고구마형 관리자는 조직을 고구마식으로 관리해서 감자형 구성원을 좌절하게 했고, 감자형 관리자는 감자식으로 관리해서 고구마형 구성원을 힘들게 했다. 이제는 일대다가 아닌 일대일의 맞춤 관리를 통해 고구마형 구성원은 고구마식으로 감자형 구성원은 감자식으로 관리해야 한다. 이렇게 하기 위해서는 부서 단합을 위한 회식이 아니라 일대일 면담이 필요하다.

리더로서 고구마형과 감자형 중 굳이 하나만 선택해야 한다면 고구마형 관리자가 될 것을 권한다. 고구마형 리더가 바로 '일하지 않는 리더'이기 때문이다. 고구마형 부서장은 상사 중에서 최고의 이상형으로 불리는 '똑게(똑똑하고 게으른) 상사'이다. 게으른 상사 중에 '멍게(멍청하고 게으른) 상사'도 있지 않으냐고 할 것이다. 다행히 '게' 유형의 상사는 똑게가 대부분이다. 멍게는 상사가 되지 못했거나 이미 회사를 떠났다.

리더의 역할을 제대로
수행할 사람은 누구인가
리더의 선출

영화 〈두 교황〉은 교황 요한 바오로 2세가 서거한 후의 콘클라베conclave 장면에서 시작한다. 콘클라베란 전 세계 추기경이 바티칸에 모여 교황을 선출하는 선거로 입후보도 없고 추천도 없이 전체 3분의 2의 지지를 얻는 추기경이 나올 때까지 계속 투표가 반복된다.

보수주의자인 독일의 요제프 라칭거 추기경은 자신이 교황이 되기를 바란다. 개혁주의자인 아르헨티나의 호르헤 베르골리오 추기경은 많은 지지를 받고 있지만 본인은 교황이 되고 싶지 않으니 다른 개혁주의자인 마르티니에게 투표하라고 한다. 이때 한 추기경이 다음과 같이 플라톤의 말을 인용한다.

"지도자의 가장 중요한 덕목은 지도자가 되기를 원하지 않는 것이다." 다른 추기경이 덧붙인다. "그래서 라칭거가 되면 안 돼요. 그 사람은 정말 원하잖아요."

결국 세 번의 투표를 거쳐 라칭거가 교황으로 선출된다. 그가 교황 베네딕토 16세이다.

리더를 뽑는 방법으로는 두 가지가 있다. 첫 번째 방법은 임명권자가 지명하는 방법이다. 임명권자는 리더로 적합하다고 생각하는 후보자를 찾아 검증을 거쳐 임명한다. 본인이 원하지 않더라도 준비가 된 사람은 후보가 된다. 회사의 임원이나 대표를 정하는 과정이 그렇다. 아무리 대표를 하고 싶다고 해도 시켜주지 않으면 할 수 없고, 원하지 않지만 하게 되는 것이 임원이고 대표이다.

두 번째 방법은 선거이다. 리더를 선거로 뽑기 위해서는 리더가 되겠다고 나서는 사람, 권력 의지를 가진 사람이 나서야 한다. 권력 의지는 누구나 갖고 있다. 드러내느냐 드러내지 않느냐의 문제이다. 그러나 조직 내에서 권력 의지가 공공연하게 드러나는 것은 바람직하지 못하다. 불필요하게 권력 의지가 표현되는 것은 조직을 정치적으로 만들기 때문이다.

리더를 뽑을 때는 겸손함도 중요하고 권력 의지도 중요하지만 리더의 역할을 제대로 수행할 수 있는 사람을 뽑아야 한다. 이를 위해 겸손함이 권력 의지를 가리고 있는 준비된 사람을 찾아내어 리더로 뽑을 수 있는 방법이 필요하다. 만약 조직의 리더를 콘클라베 방식으로 뽑는다면 어떤 일이 일어날까? 승진 심사를 콘클라베로 했다면 나는 리더가 될 수 있었을까?

'멘토mentor'라는 단어는《오디세이Odyssey》에 나오는 오디세우스의 친구이자 아들의 스승인 멘토르에서 유래했다. 이타카의 왕인 오디세우스는 트로이 전쟁에 출정하면서 아들 텔레마코스의 교육을 멘토르에게 맡긴다. 멘토르는 친구의 아들에게 자상한 선생과 조언자가 되고, 때론 엄한 아버지가 되어 훌륭하게 성장하는 데 있어서 큰 정신적 지주가 되었다. 이후 멘토라는 그의 이름은 지혜와 신뢰로 한 사람의 인생을 이끌어주는 스승과 조언자의 동의어로 사용되고 있다.

모든 리더와 구성원의 관계가 멘토와 멘티의 관계는 아니다. 상사를 진정한 멘토이자 리더로 섬기는 관계는 리더가 아니라 구성원이 정한다. 리더는 구성원이 리더로 인정해줄 때 비로소 진정한 리더가 된다. 구성원이 인정하는 리더만이 리더가 될 수 있다면 내가 이 자리에 올 수 있었을까 생각해보자.

체크포인트

- 신입사원이 회사를 떠나는 이유는 성장의 기회를 찾지 못했기 때문이다. 리더는 그들이 잡무에서 벗어나 담당자로서 성장하고 홀로 설 수 있도록 육성해야 한다.

- 리더는 사람과 조직에 대해 언제나 관심을 기울여야 한다.

- 리더는 구성원과의 대화와 더불어 인사부서를 통해 들려오는 이야기에도 귀를 기울여야 한다.

- 인사부서는 회사 전체와 각 부서가 효율적으로 운영되도록 지원하는 부서로 부서장과 구성원은 회사에서 가장 솔직한 사람들이어야 한다.

8장

구성원의
성장을
지원한다

칭찬과 인정에 목마른
김 팀장 이야기

철강회사 영업본부 김 팀장은 지난 하반기부터 올 상반기까지 오랫동안 공들였던 M사에 드디어 제품을 납품하게 되었다. M사는 업계에서 보수적이기로 소문난 곳으로 신규 거래를 거의 하지 않아 영업자들에게는 철옹성과 같았다. 김 팀장은 연 매출 120억 원의 계약을 성사시켜 상반기 영업부 신규 거래 중 꽤 큰 규모의 계약을 따냈다. 그는 뿌듯한 마음으로 담당자인 이 차장과 함께 직속 임원인 영업본부 원 상무에게 신규 거래 내역을 보고했다.

"상무님, M사에서 우리 제품으로 결정했습니다. 월 10억씩 다음 달부터 판매하게 됐습니다." "어, 그래. 잘됐구만, 잘됐어. 이 차장, 그런데 L사 계약 건은 어떻게 되고 있지?" 원 상무는 잘됐다는 말만 건성

으로 반복했다. 1년 가까이 노력해서 까다로운 고객을 뚫었는데 칭찬
한 번 제대로 해주면 안 되나. 매번 이런 식이다. 김 팀장은 고생한 이
차장 보기가 민망했다.

M사로 납품할 제품을 개발한 연구소 박 소장이 수고했다고 김 팀
장과 이 차장에게 점심을 샀다. 박 소장과 김 팀장은 별도의 메뉴판
에 적힌 오늘의 정식을 골랐지만, 메뉴판을 보고 고심하던 이 차장은
생선구이 세트를 선택했다. "굿굿, 이 차장의 선택은 역시 신중하고
빈틈이 없어. 이 집을 직원들이랑 열 번도 더 왔지만 오늘의 정식 말고
는 먹어본 적이 없었네. 회사의 에이스는 밖에서도 에이스야!" 박 소
장의 말에 다들 웃었다. 그의 칭찬은 듣는 사람을 기분 좋게 만든다.
그래서 박 소장과의 식사는 늘 즐겁다.

직장인에게 칭찬은 어떤 의미인가
칭찬과 인정

"상무님은 칭찬을 잘 안 하시나 봅니다. 주로 어떤 일에 칭찬을 하십니까?" 상반기 다면평가에서 칭찬에 인색하다는 평을 받은 원 상무에게 물었다. "평소에 칭찬할 일이 별로 없네요. 저는 일의 성과가 기대했던 것보다 높을 때 칭찬하는 편입니다. 월급 받고 일하는 직장인이 기본 성과를 올리는 당연한 일에 칭찬할 필요는 없으니까요."

조직을 이끄는 리더에게 중요한 것은 구성원을 대하는 태도다. 칭찬은 코칭의 단골 주제다. 코칭을 시작할 때 인사부서에서는 코칭 대상자의 다면평가 결과를 코치와 공유하는데 칭찬에 인색하다는 평가를 자주 보게 된다(칭찬을 너무 많이 한다는 평가는 보지 못했다.). 칭찬에 인색한 리더가 코칭의 대상이 될 경우 자연스럽게 칭찬을 더 많이 하거나 더 잘하는 방법에 대한 이야기를 하게 된다.

직장인에게 칭찬은 어떤 의미일까? 일의 성과가 자신의 기대나 상호 약속을 넘어설 때 하는 것이 칭찬이라면, 그런 칭찬은 평가에 따라 주는 포상과 마찬가지이다. 자신의 기대 수준을 합격선으로 정하고 그보다 더 잘해야 칭찬해주니 말이다.

칭찬은 상대가 어떤 수준에 있든 지금보다 더 나아지게 하기 위한 동기부여의 행위이다. 잘했기 때문에 주는 상이 아니라 지금 잘하든 못하든 여기서 더 나아지기를 바라는 마음에서 보내는 격려이다. 따라서 칭찬은 리더의 임무이자 필수과목이지 호불호에 따라 고를 수 있는 선택과목이 아니다.

나는 원 상무에게 다음 세션까지 칭찬을 많이 해보는 숙제를 주었다. 한 달 뒤 만난 원 상무에게 그동안 과제를 잘 실행했는지를 물었다.

"하기는 했는데 좀 어색했습니다. 별것 아닌 일에 칭찬을 하려니 영혼 없는 칭찬인 것 같아 듣는 사람이 기분 나쁠 것 같다는 생각을 했습니다."

"그렇게 생각할 수도 있겠네요. 그런데, 상무님. 직원 중에 아부를 잘하는 친구들이 있죠? 아부성 발언을 들으면 기분이 어떠세요?"

"아부인 줄 알지만, 기분이 나쁘지는 않습니다."

아부란 남의 비위를 맞추어 알랑거리는 행위로 대개 부정적으로 여겨진다. 진심으로 인정하고 칭찬하는 것이 아니라 상대의 기분을 일시적으로 좋게 하여 자신의 이익으로 돌아오도록 하려는 행동이기 때문이다. 그래서 아부에는 진심이 담기지 않았다. 진심 없는 칭찬에 영혼이 담기지 않았듯이 아부에도 영혼이 없다.

그렇지만 아부성 발언도 들으면 기분이 좋아진다. 아부꾼이 내게 잘 보이려는 의도를 갖고 진심을 넘어서는 말을 하고 있다는 걸 알지만, 왠지 듣기 싫지 않다. 칭찬도 마찬가지다. 별것 아닌 잘했다는 한마디도 들으면 기분이 좋다. 거기에 영혼까지 담긴다면 얼마나 기분이 좋겠는가.

칭찬은 꾸준히, 자주 해야 한다. 영혼 없는 칭찬을 자주 하면 무슨 소용이냐고? 아부꾼은 어쩌다 한번 아부하지 않는다. 꾸준히 해야 효과가 있다는 것을 알기 때문이다. 영혼 없는 아부꾼도 꾸준히 아부하는데 칭찬을 꾸준히 하지 못할 이유가 있겠는가.

칭찬을 잘하는 사람은 칭찬과 더불어 인정을 한다. 인정은 칭찬과 비슷한 듯 다르다. 칭찬은 행동에 대한 것이고 인정은 사람에 대한 것이다. 큰 금액의 수주를 한 이 차장에게 "이 차장, 그 수주 참 잘했어요." 하는 것이 칭찬이라면 "역시 이 차장이야. 난 이 차장이 해낼 줄 알았어!" 하는 것은 인정이다. 인정이 더해지면 칭찬의 말에 온기가 돌고 영혼이 실린다.

사람에 대한 인정에서 한 단계 더 나아가는 것은 그 사람의 성과가 조직에 미친 기여에 대해 인정하는 것이다. "이 차장, 그 수주 참 잘했네. 난 해낼 줄 알았지. 이번 달 우리 사업부 직원들 월급은 이 차장이 준다고 봐야겠다!" 이 정도 칭찬이면 이 차장은 자다가도 웃음이 날 것이다.

칭찬은 피동형이 아니라 능동형이다
칭찬의 기술

칭찬은 듣는 사람에게 에너지를 불어넣는다. 어떤 사람의 칭찬은 별 얘기가 아닌데도 기분이 좋아진다. 칭찬에도 기술이 있다.

첫 번째 기술은 '결과만 칭찬하지 않는 것'이다. 결과는 물론이고 노력이나 과정, 또는 역량도 함께 칭찬한다. 영혼 없는 칭찬은 결과만을 칭찬한다. 1000만 달러짜리 계약을 따낸 김 과장에게 그냥 "김 과장, 참 잘했어."까지만 하는 칭찬이다. 제대로 하는 칭찬은 "김 과장, 그 계약 참 잘했어! 대단해! 매일 야근하면서 바이어랑 통화하더니 결국 해냈네." 하고 김 과장의 노력을 구체적으로 칭찬하는 것이다.

상사에게 이런 칭찬을 들으면 칭찬 받는 사람은 무뚝뚝한 상사가 평소 자신에게 관심이 있었다는 것을 알게 된다. 결과뿐 아니라 노력과 과정도 인정을 받고 상대방의 관심도 확인하니 칭찬의 효과는 더 커진다. 이런 칭찬은 쉽게 되지 않는다. 평소에 상대방에 대한 관심이 있어야 그의 노력을 알아차리게 되고, 노력과 과정에 대한 칭찬이 가능하기 때문이다.

두 번째 기술은 그 일로 인한 '영향과 공까지 칭찬하는 것'이다. 김 과장에게 칭찬한다면 "와…… 김 과장, 그 계약 대단했어.

1000만 달러라니! 매일 야근하면서 바이어 챙기더니 결국 해냈네. 앞으로 우리 본부의 베스트 프랙티스Best Practice를 만든 거야, 베스트!" 하는 것이다.

이런 칭찬은 하는 사람과 받는 사람과의 소통을 넘어 주변 동료에게 받는 인정과도 같다. 또한 동료들 앞에서 이런 칭찬을 하는 것은 동료들에게 자극을 주는 일이기도 하다.

혼을 실은 칭찬의 세 번째 기술은 '정확한 장소와 타이밍'이다. 칭찬할 일에 대해 알게 되면 지체하지 말고 바로 칭찬해야 한다. 김 과장의 수주 성공 소식을 듣자마자 이왕이면 다른 직원들이 보는 앞에서 크게 칭찬하라. 옆에 있는 직원들에게 "다 같이 김 과장한테 박수 한번 칩시다!" 해도 좋다. 시간이 지난 칭찬이나 구성원들의 박탈감을 배려해 몰래 하는 칭찬은 효과가 없다. 오히려 구성원의 동기부여 기회를 빼앗는 것이나 마찬가지다.

미국의 심리학자 바버라 프레드릭슨Barbara Fredrickson과 마샬 로사다Marcial F. Losada는 직장 내 대화와 회의록을 분석했다. 성과가 높은 조직은 그렇지 못한 조직보다 리더가 구성원을 자주 칭찬하고 격려하며 인정해준다는 사실을 발견했는데 고성과 조직에서는 긍정적인 말이 부정적인 말보다 2.9배 많이 사용되었다.

칭찬은 평가가 아니다. 칭찬은 상대방이 칭찬받을 만해서 하는 것이 아니라 내가 칭찬할 만해서 하는 것이다. 혹여 칭찬할 일이 없더라도 상사는 부하에게 칭찬할 거리를 찾는 노력을 해야 한다. 칭찬은 다시 칭찬할 일을 만들기 때문이다. 칭찬은 피동형이 아니라 능동형이다.

리더에게 꺼내 쓰지 못할 재능은 없다
리더로 사는 법

코칭 기법 중에 '강점 코칭'이 있다. 잘하는 부분을 더욱 강화하여 성과에 도움이 되는 것을 목표로 하는 코칭이다. 부족한 점을 찾아 개선하는 것을 목표로 하는 일반적인 코칭과는 다른 시각에서 출발한다. 미국의 리서치 및 컨설팅 전문기업 갤럽의 강점 코칭 방법론에서는 사람의 재능을 34가지로 나눈다. 책임감, 행동, 지적사고, 발상, 소통, 공감과 같은 항목이다.

강점 코칭은 먼저 온라인으로 강점 진단을 받는 데서 시작한다. 그 결과 34가지 재능을 평소에 자주 사용하는 순서대로 배열한 리스트를 통해 자신의 성향을 파악한다. 첫 번째부터 다섯 번째까지의 재능은 최상위(Top 5) 재능이라고 한다. 항상 옆에 두고 사용하는 재능으로 즐겨 사용하는 사무용품을 책상 위에 두거나 가방에 넣어 다니는 것과 같다. 리스트의 하위에 있는 재능은 익숙하지 않아서 거의 꺼내 쓰지 않는 재능이다.

상위 재능 중에서 긍정적으로 발현되어 높은 성과를 내는 데 지속적으로 도움이 되는 재능을 '강점'이라고 부른다. 아무리 재능이 뛰어나도 긍정적인 효과가 없으면 강점이라 하기 어렵다. 예를 들면, 두 사람 모두 소통의 재능을 가졌다고 해도 설득력 있게 말을 잘하는 김 대리는 소통에 강점을 갖고 있지만 말만 잘하는 이 대리는 소통이 강점이라고 말하기 힘들다.

나는 몇 년 전 강점 코칭 교육을 수료한 후 시험을 치고 정해진 코칭 경험을 쌓아 인증 코치가 되었다. CEO로 일할 때 오랫동안 내 비서로 일했던 A과장에게 강점 코치가 되었다고 자랑했더니 자신을 코칭해달라고 요청했다(그 역시 인증을 받은 코치이다.).

코칭 결과 A과장은 자신의 업무에 '문제해결' 재능이 필요하다고 생각하는데 하위에 위치해 아쉬워했다. 하위에 있는 재능이라고 해서 그 재능이 필요한 일을 하지 못하는 것은 아니다. 상위에 있는 재능이 부족한 재능을 대신해서 일할 수 있기 때문이다. A과장에게 내 강점 진단 결과를 보여주었다. 강점 순서를 살펴보던 그는 깜짝 놀랐다. 내 재능 리스트의 29번은 '공감'이고 30번이 '포용'이다. A과장은 평소에 내가 직원들에게 잘 공감해주고 포용력이 있다고 생각했는데 이해가 가지 않는다고 했다.

"아, 그 포용과 공감은 생계형이었어. 내 생각과 다르다고 해서 직원의 생각이 틀렸다고 하면 의견을 얘기하지 않잖아. 사장 노릇하느라고 공감하는 척한 거지."

A과장은 배신감을 느낀다고 말했지만 사실이었다. 경영자로 일하던 초기에 내가 자주 쓰던 말이 있었다. "용서는 하겠지만 아직도 이해는 못하겠다."라는 말이었다. 부하 직원이 실수했을 때 머리로는 용서하지만 마음으로 이해하지 못했던 적이 많았다. 넓은 마음과 따뜻한 말투로 말하고 있었지만 속으로는 "턱도 없는 소리하고 있네." 하고 생각하는 상사였다.

진심으로 포용하고 공감하는 재능이 없는 나를 직원들은 어떻게 공감력 풍부한 상사로 보았을까? 최상위 재능의 1번이 '책임감'이었기 때문이다. 강한 책임감이 약한 공감과 포용력을 대신해서 열심히 일했던 것이 아닐까. CEO 역할을 수행하기 위해서는 공감과 포용이 필요하다고 생각했다. 진심으로 공감하고 포용하지 못해도 일단 그런 척이라도 하려고 애썼다. 생각한 대로 행동해서는 일이 되지 않는다.

사람이 사는 방법은 여러 가지이다. 공감력이 떨어져도 상사로서의 책임감으로 부하를 이해하고 포용하는 척하기도 한다. 반드시 그 재능이 있어야 그 일을 잘하는 것은 아니다. 부족한 재능을 다른 재능이 대신한다. 배신당한 표정의 A과장에게 말했다.

"그런데, 공감하는 척하다 보니 정말 공감하게 되는 것 같더라고. 점점 더 마음으로도 이해하고 용서하게 되더라. 그런 면에서 '자리가 사람을 만든다.'라는 말이 맞는 거 같아."

내가 생각해도 과거에 비해 내 공감력은 높아졌다. 점점 직원들 입장에서 생각해보게 되었다. 경영자가 된 초기에는 부하 직원들을 너무 강하게 몰아붙여 힘들게 하는 B팀장을 '리더십이 부족하다.'라고 생각했다. 나중에는 "팀장이 되고 처음 맞는 불경기에 B팀장이 영업하기 힘들었겠구나." 하고 생각하게 되었다. '그럴 수도 있겠네.'가 입버릇이 되었다.

그러다 보니 점점 더 공감하고 포용하게 되었던 거 같다. 사실은 부족한 공감력이 책임감이라는 다른 근육으로 보완이 되었으리라. 본래 허리가 부실해도 꾸준한 운동으로 근육을 키우면 아프지 않고 지내지 않던가. 하다 보면 하게 된다. 그게 어려우면 하는 척이라도 하면 하게 된다. 웃으면 복이 온다고 했다. 꼭 복을 받으려고 웃는 것은 아니다.

화만 내는 리더 vs.
자기 의사를 강조하며 화내는 리더
일이 되게 하는 리더

리더에 대한 구성원의 불만으로 다면평가에서 가장 빈번히 거론되는 것이 상사의 잦은 화이다. 자주 화를 낸다는 평을 듣는 H팀장과 어떨 때 화가 나는지 이야기를 나눴다.

"팀원들이 거짓말을 하거나, 약속을 지키지 않거나, 태도가 마음에 들지 않을 때 화가 납니다."

"잘못한 일이 있거나 태도가 팀장님 마음에 들지 않을 때 화를 내시는군요. 그런데 차분하게 이야기할 수도 있을 텐데 왜 화를 내셨을까요?"

"확실하게 가르쳐주려고 화를 냈습니다. 직원들이 제가 화를 내면 정신 차리고 듣거든요. 관리자는 가끔 화를 낼 필요가 있다고 생각합니다."

화는 인간의 본성이다. 화를 내는 것이 문제가 아니라 자주 화를 내거나 화를 내지 않아도 될 일에 화를 내는 것이 문제다. 특히 리더가 자주 화를 내는 것은 바람직하지 않다. 소통을 거부하는 것과 마찬가지이기 때문이다. 상사의 큰소리에도 불구하고 할 말을 끝까지 하는 사람은 없다. 화내는 상사에게는 말을 가려서 하거나 가능하면 대화를 하지 않으려고 한다.

리더가 자주 화를 내면 구성원은 상사가 자신을 존중하지 않는다고 느낀다. H팀장도 자신보다 상급자인 본부장에게는 화를 내지 않을 것이다. 그러나 윗사람도 실수할 때가 있고 자신의 생각과 다를 때도 있다. 같은 이야기를 본부장에게 차분하고 논리적으로 설명하는 상사가 자신에게는 책상을 치고 목소리를 높이는 것을 보는 팀원은 자신이 존중받고 있다고 느끼지 못한다.

그렇다면 상사는 언제 화를 낼까. 대표적인 예는 구성원이 잘못을 저질렀을 때이다. 화를 낼 만한 일이지만 차분히 잘못을 이야기할 수 있다면 더 좋을 것이라는 건 누구나 알고 있다. 카리스마라고 잘못 알려져 있는 불같은 성격과 다혈질적인 성향은 리더에게 권위나 위엄을 가져다주는 것이 아니라 자신이 나쁜 성격의 소유자라는 걸 확인시켜줄 뿐이다.

상사가 화를 내는 또 다른 이유로는 부하의 태도나 생각이 자신의 기대와 다를 때이다. 모든 생각이 상사와 같아야 하는 것은 아니다. 회사는 다양한 생각을 가진 사람의 집단으로 다양한 생각이 모여 좋은 결과를 도출해 조직을 발전적으로 이끈다. 생각과 태도가 다른 것에 화가 날지도 모르겠지만 구성원의 다양성을 존중해야 한다.

자신의 의사를 강조하기 위해 화를 낼 때도 있다. 말하는 사람의 의지와 마음 상태를 보여주는 효과적인 방법으로 일부러 화를 내는 경우도 있다. 영화 〈와호장룡〉으로 아카데미상을 수상한 영화감독 이안은 온화해 보이는 모습과는 다르게 "일이 되게 하려면 가끔 화를 내야만 한다."라고 말한다.

제대로 화를 내기 위해서는 화내야 할 일에만 화를 내야 한다. 그래서 우리에게는 화내는 연습이 필요하다. 화낼 일과 화내지 않을 일을 알아차리는 연습을 통해 이를 습관으로 만들어야 한다. 업무 중에 화를 낸 날에는 일과 후에도 기분이 좋지 않다. 당시 상황과 자신의 마음을 들여다보라. 어떤 일이 나를 화나게 했는지, 그 사람에게 화를 내는 게 합당했는지 생각해본다.

실수를 일깨워주면서 다시 그런 실수를 할까 봐 진정으로 걱정하는 마음에서 화를 냈는가? 아니면 불편한 마음을 부하에 대한 화로 덮은 것은 아닌가? 화를 냈던 마음을 되돌아보면 화를 낼 일이 아니었다는 생각이 들기도 하고, 화를 낼 만하기는 했지만 너무 심하게 냈거나 상대방에 상처를 주었다는 생각이 들기도 한다.

화낸 마음에 대한 복기復棋와 화나고 있는 마음을 들여다보는 관심법觀心法에 익숙해지면 화를 내야 할 일에 대해 제때 마음대로 화를 낼 수 있게 된다. 마음대로 화를 내는 것은 '화가 나다' 같은 피동형이 아니라 '화를 내다'와 같은 능동형이다. 나도 모르는 새 화가 나도록 내버려두지 말고 화를 낼 것인지 여부는 자신이 결정해야 한다.

코칭의 현장에서 공유되는 다면평가 결과를 보면 리더란 칭찬에 인색하고 화를 잘 내는 사람으로 보인다. 어쩌면 리더에게 화는 떼려야 뗄 수 없는 마음일지도 모르겠다. 그러나 조직의 높은 자리에 오를수록 자신의 마음을 숨겨야 할 때가 많아진다. 화가 난다고 해서 화내지 않고, 타인의 입장에서 자신의 마음을 객관적으로 바라보며 화를 다스리는 것, 그리고 필요한 경우 제대로 화를 내는 것이 리더의 중요한 일이라는 걸 잊지 말아야 한다.

☑ 체크포인트

- 조직을 이끄는 리더에게 중요한 것은 구성원을 대하는 태도이다.

- 칭찬은 평가가 아니다. 지금보다 더 나아지게 하기 위한 동기부여의 행위이다.

- 칭찬에도 기술이 필요하다. 정확한 장소와 타이밍에 맞춰 결과뿐 아니라 노력과 과정, 영향과 공을 포함한다. 이러한 칭찬은 구성원의 성장을 돕는다.

- 잘하는 부분은 더욱 강화해 자신의 약점을 보완하고, 조직의 성과에 도움이 되게 한다.

- 리더도 때로는 화낼 필요가 있다. 제대로 화를 내기 위해서는 화내야 할 일에만 화를 내야 한다.

칭찬은 지금보다 더 나아지게 만드는

동기부여의 행위이다.

잘했기 때문에 주는 상이 아니라

여기서 더 나아지기를 바라는 마음에서 보내는 격려이다.

9장

다정한 리더가
살아남는다

사람 좋다는 평판이 고민인
허 상무 이야기

대형 건설사 C기업 임원인 허 상무는 누가 봐도 한눈에 인품이 좋아보이는 사람이었다. 그는 예의바르고 차분하며 진중했다. 구성원들의 이야기를 잘 들어주고, 타 부서와도 원만하게 일하는 스타일이었다. 강점 진단 결과를 보니 화합과 포용, 공감력이 상위에 있었다.

그런데 허 상무 본인은 정작 자신의 리더십 스타일에 만족하지 못했다. 건설사 경영자로서 바람직한 스타일이 아니라고 생각했다. 상사들도 리더는 강하게 주장할 때가 있어야 한다고 그에게 충고했다. 그는 대내외적으로 평판이 좋았지만, 직속 부하직원들은 약간의 불만이 있었다. 타 부서와 협조하는 건 좋지만 사람 좋은 허 상무 덕에 하지 않아도 될 일까지 하는 일이 생기는 경우가 종종 있었던 것이다.

그의 성품과 리더십이 빛을 발하는 순간도 있었다. 그가 팀장 시절 회사는 지방 도시의 청사를 수주했는데 유난히 까다로운 담당자를 만나게 된 것이다. 관공서와의 교섭 창구는 사업부 임원이 직접 담당했는데 시작도 하지 않은 프로젝트가 처음부터 삐걱거리기 시작했다. 결국 임원을 대신해 팀장인 그가 TF를 책임지고 해당 기관을 담당하게 되었다. 상대방은 이제야 말이 통한다고 좋아했다. 부서가 바뀌고 승진한 지금까지도 허 상무는 해당 기관의 업무를 계속하고 있었다.

허 상무는 최근 고객상담부서를 맡아 작은 성과를 올렸다. 10년 넘게 분쟁이 있었던 고객과 최종 합의에 도달한 것이다. 거의 일주일 동안 30시간 넘게 고객과 대화를 나눈 성과였다. 고객은 임원이 이렇게 오랜 시간 자신의 이야기를 들어준 건 처음이었다며 허 상무의 태도에 감동해 합의하게 되었다고 회사 게시판에 칭찬의 글을 남겼다. 그룹의 회장도 이 사실을 보고받고 그의 부서에 금일봉을 전달하며 노고를 치하했다.

지금은 온화한 리더십을 발휘할 때
요즘 시대의 리더십

리더십 코칭에서 허 상무는 자신의 일하는 스타일에 대한 고민을 털어놓았다. "상무님은 부드럽고 소통하는 리더십을 가지고 계신 장점이 있네요. 그런데 강해 보이는 리더가 되고 싶은 거 같습니다. 정말 그렇게 되고 싶으십니까?" 짓궂은 질문이었다.

"강한 척해보았지요. 남의 옷을 입은 거 같고 불편했습니다. 말씀을 나누다 보니 제 스타일도 남들이 가지지 못한 좋은 점이 있네요. 사실 성격을 바꾸고 싶다고 바뀌지겠습니까? 좋은 점을 살려보아야죠." 코칭을 시작할 때와는 다르게 허 상무의 표정이 밝아졌다.

흔히 리더를 장수에 빗대어 용장勇將과 덕장德將으로 나눈다. 용장은 '나를 따르라'고 하는 강한 리더이고 덕장은 '대화하는' 부드러운 리더라고 전제하자. 오랜 세월 국내 기업에서 일하는 관리자의 리더십 스타일의 기본값은 용장이었다.

그런데 밀레니얼 세대와 Z세대가 조직에서 차지하는 비중이 커지면서 요즘 용맹무쌍한 리더들은 고민이 많다. 젊은 세대는 소통하지 않고 일방적이기만 한 리더를 잘 따르지 않기 때문이다. 용장들은 다면평가에서 매서운 피드백을 받고 자신의 리더십 스타일에 대해 고민하고 고쳐보려고 노력하는 중이다.

지금은 사용하지 않지만 '데리고 있다'와 '모시고 있다'라는 말이 있다. "그 친구 내가 데리고 있는 직원이야." "요즘 A회장님 모시고 있습니다."와 같은 표현에서 사용된다. 두 표현이 불편하게 느껴지는 사람도 있을 것이다. 하지만 내 경우 '모시고 있다'는 표현은 듣기에 그리 불편하지 않다. 종종 내가 사용할 때도 있다. '데리고 있다'와 '모시고 있다'의 차이가 무엇이기에 하나는 불편하고 다른 하나는 그렇지 않을까?

두 표현 모두 상하관계를 제삼자에게 밝힐 때 사용한다. '데리고 있다'는 상사와 부하의 관계가 상하관계일 뿐 아니라 주종관계라는 느낌을 준다. 그래서 발화자인 윗사람을 제외한 듣는 사람을 불편하게 한다. 마찬가지로 '모시고 있다'도 주종관계라는 느낌을 준다. 하지만 '데리고 있다'와 달리 '모시고 있다'는 부하가 스스로 인정하거나 표현하는 방식이다. 대개 상사를 존경하거나 상사와 잘 지내고 싶은 경우 사용한다.

나는 직장을 옮기면서 18명의 직속 상사와 일했다. 그중 진정으로 '모시고 일했다'고 말하고 싶은 분은 다섯이었다. 그분들과 일하면서 많이 배우고 성장할 수 있었다. 경영자로서 어려운 상황이 닥치면 '그분이라면 어떻게 결정했을까' 생각했다. 내게 그분들은 단순한 상사가 아니라 나의 성장과 발전을 이끌어주는 멘토이자 진정한 리더였다.

지금 이 시대 리더십의 기본값은 덕장이다. 남의 말을 들어 주는 온화한 리더들은 이제 콤플렉스에서 벗어나도 좋다. 누군가 나를 떠올릴 때 모시고 있던 사람으로 기억되려면 이제 온화한 리더십을 발휘할 때다.

시간은 사장과 직원
누구에게나 똑같이 흐른다
리더와 구성원의 관계

리더와 구성원의 관계는 서로 존중하는 관계가 되어야 바람직하다. 그 출발점은 리더가 구성원의 시간을 존중하는 데서 시작된다. 중요한 일을 하고 상대적으로 연봉을 더 많이 받기 때문에 자신의 눈높이에 맞추어 일하다 보면 상사는 부하직원의 시간을 무시하기 쉽다. 이는 회사 전체의 생산성과 성과에 큰 영향을 준다.

점심시간이 지나 노곤해진 2시쯤이었다. 영업팀 이 팀장이 김 대리를 불렀다. "김 대리가 만든 사장님 보고 자료를 검토했는데 지금 이야기 좀 할까?" 김 대리는 10분 후에 영업지원팀 박 대리와 고객사의 채권 한도에 대해 논의할 예정이었다. 김 대리는 박 대리에게 약속을 1시간 정도 늦춰도 되겠느냐고 물었다. 박 대리는 협력업체 실사를 위한 외부 일정이 있고, 저녁에 개인 일정이 없으니 괜찮으면 오후 6시 이후에 이야기해도 좋다고 했다. 김 대리는 고객사에게 채권 한도를 내일 오전까지 알려주겠다고 했기 때문에 오늘 내부 협의를 끝내야 했다. "모처럼 일찍 퇴근해서 가족과 저녁 좀 먹어보려 했는데……." 김 대리는 한숨을 쉬고 아내에게 뭐라고 카톡을 보내야 할지 생각하기 시작했다.

이 팀장이 김 대리에게 예정에 없던 미팅을 요청했다. 이에 따라 김 대리는 오늘 중 끝내야 하는 박 대리와의 업무 협의를 오후에서 저녁 시간으로 조정했고, 박 대리 역시 계획에 없던 초과 근무를 해야만 했다. 이 사례에서 무엇을 생각해보아야 할까?

이 팀장이 김 대리에게 '지금' 이야기하자고 한 상황에 주목해보자. 그는 김 대리가 자신과 대화를 나눌 수 있는 상황인지 물어보지 않았다. 이 팀장이 사장님 보고 자료에 대해 '언제' 이야기할 수 있는지 물어보았다면 어떻게 되었을까? 박 대리와의 미팅 이후 또는 다음 날에 일정이 정해졌을 것이고, 두 대리는 야근 없이 편안한 저녁을 보낼 수 있었을 것이다.

이 팀장은 왜 김 대리에게 이야기할 시간이 있는지 물어보지 않았을까? 자신의 시간이 더 중요하다고 생각했기 때문이다. 부하의 시간보다 상사의 시간이 더 가치가 높다는 생각은 많은 조직에 만연되어 있다. 이런 생각은 아랫사람의 일정을 흔들어놓게 되고 흔들린 일정은 다시 그들의 생산성을 낮아지게 만든다. 결과적으로는 조직의 평균 생산성이 저하된다.

부하의 시간을 존중하지 않는 상사는 앞에서와 같이 부하의 일정을 중요하게 생각하지 않을 뿐 아니라 부하의 집중을 방해하기도 한다. 이런 상황을 가정해보자. 이 팀장이 복합기에서 출력물을 복사하고 있다. 종이도 꽉 차 있는데 자꾸 인쇄 오류 메시지가 뜬다. 이 팀장은 복합기에 가장 가까이 앉아 있던 김 대리에게 도움을 요청한다. 김 대리는 엄청나게 큰 엑셀 워크시트에서 잘못된 수식을 찾느라 고군분투하고 있었다. 복합기에 걸린 용지를 제거하고 돌아온 김 대리는 처음부터 다시 엑셀 시트의 에러를 찾기 시작해야 한다. 결국 그는 일을 끝내느라 점심을 건너뛸 수밖에 없었다.

상급자의 급여가 높으니 상급자의 시간당 인건비가 하급자보다 높은 것은 맞다. 그렇다고 시간의 가치를 그렇게 단순하게 생각할 수는 있을까? 그 순간에 누구와 무엇을 하고 있느냐에 따라 일의 가치는 달라진다.

대부분의 직원이 사장에게 보고하려면 미리 일정을 잡아야 하지만, 사장의 경우 직원들을 수시로 호출한다. 사장의 시간이 중요하고 일정이 예측 가능해야 하는 만큼 직원들의 시간과 일정도 소중하다. 설사 사장이라고 해도 "김 대리 좀 봅시다."가 아니라 "김 대리 다른 약속 없으면 좀 보자고 해주세요."거나 "김 대리 괜찮은 시간에 미팅 잡아주세요."라고 해야 하지 않을까.

코로나19 이후 우리사회에서는 이전과 다르게 재택근무라는 제도가 자리 잡게 되었다. 집에서 일하는 것이 오히려 생산성이 늘었다고 이야기하는 사람들도 있다. 쓸데없는 일에 방해받지 않고 일정대로 일할 수 있어서가 아닐까. 이제는 사무실로 돌아온 직원들이 일에 집중할 수 있도록 리더들은 그들의 시간을 존중해주어야 한다.

'생계형'이라는 단어를 처음 현실에서 접한 것은 노점상 단속에 대한 신문기사에서였다. 겨우 먹고 살 정도의 돈을 버는 노점을 생계형 노점, 돈을 남길 수 있을 정도로 잘 버는 노점을 기업형 노점이라고 했다.

요즘 생계형에는 다른 뜻이 추가되었다. 술과 골프 앞에 생계형이라는 단어를 붙여 보자. 생계형 음주, 생계형 골프. 두 단어는 어울리지 않을 거 같지만 붙여놓고 보니 고개가 끄덕여진다. 여기서 생계형의 의미는 직업상 또는 업무상이란 뜻이기 때문이다. 요즘에는 많이 줄었지만 영업 직원에게 접대는 먹고 살기 위해 할 수밖에 없는 일이다.

업무상의 생계형과 비슷하게 들리지만 또 다른 생계형이 있다. 직장 상사와 마지못해 함께하는 여가 활동이다. 요즘 감히 젊은 직원들에게 주말에 산에 가자고 하는 상사는 없을 것이다. 하지만 아무리 MZ세대라 할지라도 팀장 이상이 되면 임원이나 대표가 이끄는 등산이나 골프에 동반하게 된다. 장기적으로 생계에 지장을 주지 않기 위한 노력이다.

임원이나 대표는 말한다. "맑은 공기도 마시고 운동도 되고 이야기도 나누고 좋잖아." 그들은 애들도 다 컸고 집안일도 별로 없으니 괜찮을지 모르겠다. 팀장들은 휴일에는 밀린 잠도 자고 싶고, 애들이 학원 진도 잘 따라가는지 챙겨봐야 하고, 재활용 쓰레기도 버려야 하고, 다음 주에 입을 셔츠도 다려야 한다. 그리고 회사 얘기는 회사에서 하면 되지 않느냐고 속으로만 생각한다.

단합을 위해 골프를 치고 등산을 하면서 같이 시간을 보내자는 것은 리더로서 할 수 있는 생각이다. 하지만 누구나 그 활동을 좋아하는 건 아니다. 절대 선善이 없듯이 절대 호好도 없다. 상사에게는 취미일지 모르지만 부하에게는 생계가 된다. 취미 파트너는 동호회 같이 회사 밖에서 찾는 것이 모두가 행복한 길이다.

리더의 경쟁력이 친화력인 시대가 온다
다정한 리더

1970~1980년대 내가 재학했던 남자 중고등학교에서는 체벌이 일상이었다. 체벌의 방법이나 빈도는 지금 생각하면 야만적이기까지 했다. 그렇지만 학생도 몇 대 맞는 걸로 상처받지는 않을 만큼 그 시절은 '동물의 왕국'이었다.

교권이 침해받는 지금과는 정반대로 1970년대 후반 학교에서 교사는 절대 권력자였다. 물리적인 폭력도 있었지만, 언어적인 폭력도 있었다. 행동에 대한 비난은 물론이고 자아에 대한 비난도 있었고, 존재와 존재를 만들어 준 부모에 대한 모욕도 있었다.

당시에 권력자는 가르치거나 다스리는 자에게 함부로 상처를 주어도 괜찮았다. 교사는 학생에게 감정적 체벌과 막말을 했고, 국가는 국민을 함부로 감시하고 고문하며 가두었다. 십 대에 받은 상처는 환갑이 지나도 잊히지 않는 상처로 남는다. 물리적인 폭력이 남기는 상처는 아물지만, 언어폭력이 남기는 상처는 오래간다. 중고교생도 잊지 못하는 상처를 회사원은 잊을 수 있을까? 그 시절 기업 조직도 마찬가지였다.

"자네 학교 어디 나왔지?"

"그 지역 출신들이 좀 느려."

"이래서 여직원을 안 뽑으려고 했어."

이런 말들이 아무렇지 않게 난무했다.

오랜 기간 인사 담당 임원을 했던 분을 코칭했던 적이 있다. 그에게 어떤 직장 상사로 기억되고 싶은지 물었다. "잘 기억나지 않는 선배가 되고 싶습니다. 평소에는 기억나지 않다가 우연히 마주쳤을 때 반갑게 인사를 나눌 수 있는 선배요." 그는 퇴임한 뒤 경조사 자리에서 마주쳐도 아무도 곁에 앉지 않는 임원을 많이 보았다고 했다. 대부분이 재직 중 아랫사람들을 함부로 대한 사람이었다.

다정한 리더십을 가진 리더는 부하직원을 조수가 아닌 선수로 생각한다. 그것도 그냥 선수가 아니라 '동료 선수'이다. 승리를 위해 같이 그라운드를 뛰는 선수들은 동료가 실수했다고 원망하거나 책망하지 않는다. 실수한 동료의 어깨를 두드려주고 넘어진 동료를 일으켜준다. 골을 넣으면 먼저 어시스트를 해준 선수에게 뛰어가 기쁨의 포옹을 나눈다.

영장류를 연구하는 진화인류학자이자 듀크대학교 교수 브라이언 헤어Brian Hare는 《다정한 것이 살아남는다Survival of the Friendliest》라는 책에서 "다른 인간 종種이 멸종하는 중에 호모 사피엔스를 번성하게 한 것은 친화력이었다."라고 주장했다. 생존의 필수 요소는 나와 다른 상대방과 협력하고 소통하는 능력이다. 네안데

르탈인과 달리 호모 사피엔스는 친화력과 협력을 기반으로 생존에 유리하게 진화했다.

조직에서 동료나 후배 없이 혼자 일할 수 있는 사람은 없다. 인간이 조직을 만들어 일하는 이유는 혼자서 일할 수 없기 때문이다. 우리는 자신의 생존과 타인의 생계를 위해 좀 더 다정할 필요가 있다. 다정한 리더가 오래 남는 시대가 찾아왔다.

체크포인트

- 리더는 흔히 용장과 덕장으로 나눈다. 용장은 강한 리더이고, 덕장은 온화한 리더이다. 지금 이 시대 리더십의 기본값은 덕장이다.

- 누군가 나를 떠올릴 때 좋은 리더로 기억되고 싶다면 다정한 리더십을 발휘할 때다.

- 리더와 구성원은 서로 존중해야 한다. 그 출발점은 부하의 시간을 존중하는 데서 시작된다.

- 혼자 일할 수 있는 리더는 없다. 당신은 구성원들에게 어떤 리더로 기억되고 싶은가 생각해보라.

10장

어떤
인재와
일할 것인가

부정적인 메시지도 숨김없이 털어놓는
차 팀장 이야기

홍 대표는 몇몇 임원과 같이 점심식사를 했다. 옆자리에 이 전무가 앉았다. 그는 자기 자랑이 과하기로 유명하다. 아니나 다를까 물어보지도 않았는데 식사하는 내내 이 전무는 홍 대표에게 자기 부서의 성과를 이야기했다.

사실 홍 대표는 며칠 전 인사팀장에게 이 전무가 맡고 있는 사업본부의 A팀장에 대한 보고를 받았다. A팀장이 팀원들을 너무 몰아붙여서 팀원 열 명 중에 네 명이 사직의사를 밝혔다는 것이었다. 식사가 마무리되어갈 때 홍 대표는 이 전무에게 조용히 물었다.

"본부 직원 중에 속 썩이는 친구는 없습니까?"

"그런 친구 없습니다. 다들 열심히 합니다."

"그래요. 좋네요. 지금 본부 직원이 몇 명이나 되지요?"

"100명 조금 넘었습니다."

"본부 직원이 100명이 넘는데 문제 있는 사람이 하나도 없다? 대단하네요."

이 전무의 얼굴이 붉어졌다.

퇴근이 가까울 무렵 영업본부 차 팀장이 보고할 게 있다고 대표실로 들어왔다.

"대표님, B사가 우리와 거래를 끊을 거 같습니다."

"가격 갖고 힘들게 하더니 결국 그렇게 되나요? 거래를 중단하는 걸로 최종 결정됐습니까?"

"아직 아닙니다. 신제품을 1년간 독점 공급하는 걸로 설득하고 있습니다. 쉽게 풀리지 않을 거 같아서 미리 말씀드렸습니다."

"신제품 독점 공급 아이디어 좋네요. 필요하면 B사장을 같이 만나봅시다. 미리 얘기해줘서 고맙습니다."

174

문제를 숨기는 사람 vs.
문제를 드러내는 사람
조직의 신호

블라인드 채용은 서류심사, 필기시험, 면접 등의 채용 과정에서 출신지, 가족관계, 학력, 외모 등의 항목을 밝히지 않고 지원자의 실력, 즉 직무 능력만을 평가하여 인재를 채용하는 방식이다. 주로 공공기관과 공기업에서 실시하고 있다.

능력 있는 사람을 찾아야 하는 기업의 입장에서 블라인드 채용은 힘든 방식이다. 학력과 출신학교는 사람의 능력을 판단하는 객관적인 요소이기 때문이다. 물론 일류대학을 나온 사람이라고 모두 일을 잘하는 것은 아니고 대학을 나오지 못했다고 해서 일을 못하는 것도 아니다. 그렇지만 학력과 출신학교는 능력을 판단하기 위한 일차적인 정보라는 것은 부인할 수 없다.

경제학에서는 '신호 이론signalling theory'이라는 용어가 있다. 미국의 경제학자 마이클 스펜스Michael Spence는 정보 전달 과정을 다룬 이 연구로 2001년에 노벨 경제학상을 수상했다. 직원을 채용할 때 고용자인 기업과 피고용자인 구직자가 갖는 정보에는 차이가 존재한다. 즉, 고용자는 구직자의 능력에 대해 본인만큼 잘 알지 못한다. 이런 정보의 비대칭성을 좁히기 위해 구직자는 자신의 능력을 알려줄 수 있는 신호를 보낸다. 이력서에 기술하는 자신의 학력, 출신학교와 리더십 활동 같은 내용이 이런 신호에 해당한다.

세상은 신호로 가득 차 있다. 수컷 공작새가 화려한 꼬리를 펴서 암컷을 유혹하는 것은 잘 알려진 신호이다. 수사슴의 큰 뿔은 영양상태가 좋고 전투 능력이 뛰어난 수컷임을 암컷에게 과시하는 기능을 갖고 있다. 멋진 스포츠카에서 내리며 하차감을 자랑하는 것이나 고급 호텔에 갈 때 명품 가방을 들고 가는 것도 일종의 신호이다.

조직에도 신호가 만연하다. 가장 빈번한 신호는 자신의 능력이나 성과에 대한 자랑이다. 이 전무처럼 말이다. 부하가 자신의 일에 대해 자랑하는 것은 상사에게 자신의 능력에 대해 긍정적인 신호를 보내는 것이다. 신호를 받는 사람, 즉 상사의 입장에서 생각해보자. 듣는 상사는 부하가 자랑거리만 갖고 있다고 생각하지 않는다. 자랑이 많은 사람은 문제점이나 부정적인 이야기를 하지 않는 경우가 많기 때문이다. 문제를 숨기지 않지만 밝히지는 않고 있을 수 있다. 자랑만 하고 문제점을 드러내지 않으면 문제를 키우게 된다.

상사에게 부정적인 일을 이야기하는 것은 자신의 능력에 대한 부정적인 신호를 보내는 것이다. 얼핏 보면 차 팀장은 부정적인 신호를 보내고 있는 것처럼 보인다. 그렇지만 부정적인 일을 털어놓는 행동은 '나는 숨기는 것이 없습니다.' 하는 메시지이기도 하다. 즉, 상사에게 '나는 솔직하다.'라는 강력한 신호를 보내는 것이다. 문제나 부정적인 상황을 밝히면 문제가 커지기 전에 미리 대처할 수 있다. 상사들은 부정적 상황을 알리는 부하를 눈여겨보아야 한다.

솔직함은 조직과 구성원이 갖추어야 할 가장 가치 있는 태도이다. 4장에서 언급했듯이 정직이 거짓말을 하지 않는 것이라면, 솔직은 숨기지 않는 것이다. 솔직한 사람은 잘못된 것은 잘못되었다고 이야기하고 잘된 것은 잘되었다고 이야기한다. 솔직함은 정직함을 넘어선다. 솔직하지 않은 구성원과 조직은 문제를 해결하지 못하고 쌓아두게 된다.

상사에게 솔직하게 문제점을 이야기할 때엔 해결 방안에 대한 아이디어를 반드시 같이 이야기하는 것이 좋다. 차 팀장처럼 문제점과 해결책을 같이 제시하면 홍 대표가 더 무슨 말을 보탤 게 있었겠는가.

조직의 문제아는 어떻게 관리하는가
평가와 인사

이번에 사업부장으로 승진한 윤 상무는 해결하지 못한 고민이 있었다. 그가 맡은 사업부 팀장 중 일에 대한 태도가 부정적인 두 사람 때문이다. 윤 상무가 이러저러한 일을 시작해보자고 하면 말을 채 끝내기도 전에 그건 안 되는 일이라고 하거나 과거에 해본 일인데 실패하지 않았느냐고 계속 딴죽을 걸었다. 팀장이 그러니 팀 분위기도 소극적이었고, 새로운 일을 하지 못하고 해오던 일만 하고 있어 일이 재미없다는 팀원도 늘어갔다.

"혹시 두 분과 면담을 해보셨습니까?" 고민을 털어놓는 윤 상무에게 물었다.

"그동안 여러 차례 면담했지만 심각하게 받아들이지 않는 거 같습니다. 제가 사업부장을 맡기 전부터 동료처럼 지냈기 때문에 그냥 충고 정도로 받아들이는 거 같습니다."

"그럼 앞으로 어떻게 하시겠습니까?"

"사실 대안이 없어서 고민입니다."

조직에서는 윤 상무와 비슷한 고민을 가진 사람이 많다. 일도 못하고 태도도 부정적이면 차라리 고민이 되지 않는다. 그러나 일은 잘하지만 태도가 부정적이어서 팀에 나쁜 영향을 주거나,

일도 열심히 하고 태도도 좋은데 아무리 노력해도 업무 역량이 좋아지지 않는 경우는 큰 고민이다.

현실에서 전체 구성원 100명 중에 이런 구성원이 한두 사람 정도 있다면 크게 문제가 안 될 것이다. 이런 구성원이 부서 내에 많거나(많고 적고의 기준은 부서와 상황에 따라 다르다.), 부서장을 맡고 있을 때가 문제이다.

역량이 개선되지 않는 구성원도 동료의 사기를 깎아내린다. 동료들은 역량이 부족한 사람의 일을 대신하게 되고, 내가 왜 그 사람과 같은 대우를 받아야 하느냐고 생각하게 된다. 이 정도 상황이면 부서장이나 경영자는 팔짱을 끼고 보고 있을 수만은 없다. 면담이나 코칭을 하거나 강력하게 경고하기도 한다. 그렇게 해도 개선되지 않을 때 리더는 더 이상 같이 일하기 힘들다고 생각하고 힘든 결정을 고민하게 된다.

안타깝게도 요즘의 부서장이나 경영자 들은 업무 능력이 부족하거나 부서에 적응하지 못하는 구성원에 대해 딱히 취할 방법을 가지고 있지 못하다. 과거에는 인사부서와 의논해서 다른 부서로 발령을 내버리면 그만이었다. 이제는 본인의 동의가 없거나 타 부서에서 안 받겠다고 하면 보낼 수 없다. 우리 부서에서 내놓는 사람을 다른 부서인들 두 팔 벌려 환영하겠는가.

문제의 대상이 관리자인 경우는 더 힘들다. 구성원으로서의 능력은 훌륭하지만, 팀장으로 적합하지 않다고 판단된 경우는 팀장에서 물러나도록 해야 하는데 이 또한 쉽지 않다. 자신이 팀장을 하던 부서에서 팀원으로 근무하게 하자니 후임 팀장이 불편해하고, 다른 팀으로 보내자니 중량급 팀원을 받기 싫어한다.

무엇보다 팀장급을 다른 부서로 보내거나 팀장에서 물러나게 하려면 정당한 이유가 있어야 한다. 업무 성과나 역량이 부족하다는 것을 본인이 분명히 알아야 한다. 즉, 일정 기간 평가를 통해 성과나 역량이 개선되지 않고 있다는 것이 보여져야 인사조치가 정당화된다.

그런데 우리네 기업의 평가라는 게 그렇게 똑 부러지는가. 성과가 그저 그렇고 역량이 부족하지만 '그래도 팀장인데……' 하면서 차마 D를 못 주고 대충 B를 주다가 어쩌다가 C를 한 번 준다. '목표는 달성 못했지만 그래도 열심히 했어.' 하고 마음 관리를 해주다가 갑자기 팀장을 그만두라고 하면 누가 쉽게 받아들이겠는가.

게다가 이제는 평가를 상대평가로 하지 않는 회사도 생겼다. 과거에는 평가 등급별로 비중이 정해져 있어서 D를 받는 직원이 있어야 했지만, 이제는 꼭 D를 주지 않아도 된다. 굳이 주지 않아도 되는 D등급을 받은 부하직원과 얼굴 맞대고 일하는 게 편할 리가 없다. 이제 절대평가를 하는 회사의 D등급은 전설로 전해지는 유니콘이 되어버렸다.

평가가 사람 관리의 핵심이라고 굳게 믿고 주저하지 않고 D등급을 주다가 부서 분위기가 싸늘해지면 관리자들은 이제 자신에 대한 평가를 고민하게 한다. '과도한 성과 위주의 팀 운영' 또는 '본인과 케미가 맞는 팀원에 대한 편애' 같은 표현이 다면평가 보고서의 주관식 평가를 장식한다. 게다가 회사는 내년부터 다면평가 결과를 승진 점수에 반영하겠다고 하니 D를 준 것이 후회되기 시작한다.

부하직원을 엄격하게 평가하는 부서장의 상사는 그 부서장을 어떻게 생각할까. 두 가지 타입의 상사가 있다. "평가도 중요하지만 직원들이 불만이 없게 해야 하잖아." 하는 임원을 A타입의 상사라고 하자. "윤 상무가 조직 관리를 제대로 하고 있군. 잘하는 친구들은 높이 평가받고 열심히 하지 않는 친구들은 거기에 맞게 평가받아야지." 하는 상사를 B타입이라고 하자. 회사에 따라 A타입의 임원이 많은 곳과 B타입이 많은 곳이 있을 것이다.

평가에 엄격한 부서장의 상사가 그런 엄격함을 긍정적으로도 보고 부정적으로도 볼 수 있다면, 부하직원들도 그럴까? 엄격한 부서장을 긍정적으로 받아들이는 직원도 있을까? 대부분 직원은 동료나 선배가 받은 낮은 평가나 엄한 인사 조치에 대해 평을 하지 않는다. 해당자 앞에서는 짐짓 애석해하기도 한다. 그렇지만 대부분의 직원은 '일도 열심히 하지 않으면서 부정적이기만 한 팀장이 옆 팀의 팀원으로 갔으니 인사가 제대로 되었구나.' 하고 생각할 것이다.

구성원은 인사 결과에 따라 회사와 경영자를 평가한다. 승진할 만한 사람이 승진하고 높은 평가를 받을 만한 사람이 그렇게 평가받을 때 구성원은 자신이 다니는 회사가 제대로 된 회사라고 생각한다. 모든 인사에는 의미가 있다. A타입의 경영자가 득세하는 회사는 의미 있는 인사를 하지 못한다.

당신의 조직을 어떤 사람으로 채울 것인가
인재와 조직 파괴범의 구분

리더의 일은 자신의 조직을 구성원의 역할을 제대로 수행할 사람으로 채우는 것이다. '역할을 제대로 수행할 사람'을 인재라고 할 때 인재는 어떤 사람일까. 좋은 학교를 나오고 시험 성적이 좋은 사람이 아니다. 기업 조직에서의 인재는 성과를 내는 사람이다.

성과는 역량과 태도의 곱셈이다. 먼저 역량에 대해 생각해보자. 당장 사용할 수 있는 지식 및 경험 같은 역량과 잠재력도 역량에 포함된다. 기본적인 지식을 갖고 있고 현업 경험을 통해 역량을 축적하고 발휘할 수 있는 사람도 잠재된 역량을 가진 인재이다. 예를 들어, 이미 몇 차례에 걸친 인수합병$^{M\&A}$의 경험을 가진 전문가는 인수합병 분야의 인재이다. 뿐만 아니라 회계와 재무지식을 갖춘 구성원은 인수합병 기법과 관련 법률에 대한 지식을 갖춘다면 인수합병 역량에 대한 잠재력을 갖추고 있다고 볼 수 있다.

태도는 일에 대한 태도와 관계에 대한 태도로 나누어 생각할 수 있다. 일에 대한 태도는 일에 대한 적극성과 열정을 의미한다. 관계에 대한 태도는 구성원과 고객에 대한 태도를 말한다.

성과 = 역량 × 태도

성과는 역량과 태도의 합이 아니라 곱셈이다. 곱셈은 하나가 '0'이면 결과가 '0'이고, 하나가 '0'에 가까우면 결과도 '0'에 가깝다. 즉, 역량만 우수하고 태도가 나쁘거나, 태도는 좋아도 역량이 부족하거나 잠재력이 없으면 성과로 이어지기 어렵다.

흔히 역량이나 실력만 있으면 되지 않느냐고 생각할지 모르겠다. 그렇지만 똑똑하고 일은 잘하는데 다른 부서와의 관계가 나빠서 협조를 얻지 못한다면 성과로 이어질 수 있을까? 당장은 어떻게 되겠지만 길게 보면 동료 구성원과 관련 부서는 그 사람과 일하기 싫어하게 된다. 자신의 부서를 역량과 태도가 모두 우수한 구성원만으로 채워야 한다고 생각하는 리더는 한숨부터 나올 것이다.

그러나 꼭 그런 것은 아니다. 다음 그림과 같이 사사분면에 부서 구성원의 역량과 태도를 평가해서 대입해보자. 역량도 높고 태도도 긍정적인 구성원은 말할 것도 없이 인재이다. 역량도 낮고 태도도 부정적인 구성원을 어떻게 할 것인가는 이 글을 읽는 리더들의 처분에 맡기겠다.

조직 구성원의 역량과 태도

A사분면의 구성원은 태도는 긍정적이지만 역량은 부족하다. 이런 구성원은 역량 계발, 즉 경험과 육성을 통해 인재로 육성할 수 있다. B사분면의 구성원은 역량은 높지만 태도는 부정적이다. 이들은 코칭을 통해 자신의 일과 인간관계를 다시 돌아보게 함으로써 인재로 만들 수 있다.

조직을 인재로 채우기 위해서는 먼저 조직의 구성원들이 성장하도록 도와주어야 한다. 성과를 내는 사람에게는 인정과 보상을 아끼지 말아야 한다. 역량과 태도 면에서 좋아지지 않거나 노력하지 않는 사람에게는 일부 구성원의 평판에 신경 쓰지 말고 경영자로서의 할 일을 해야 한다.

리더들은 조직을 인재로 채우기 위해 우수한 구성원을 찾는 일을 더 중요하게 생각한다. 그만큼이나 중요한 것은 조직에 이미 몸담고 있는 인재가 범재凡才가 되어버리거나 잠재력 있는 구성원이 떠나지 않도록 하는 것이다. 그렇게 하려면 특히 태도가 개선되지 않는 구성원을 조직에서 떠나게 할 필요가 있다.

나는 현직에 있을 때 이렇게 태도가 개선되지 않는 구성원을 '조직 파괴범'이라고 불렀다. 이들의 부정적인 태도는 동료들을 힘들게 하고 조직의 성과에 나쁜 영향을 준다. 부서장과 임원에게 부서의 조직 파괴범이 누구인지, 혹시 자신이 조직 파괴범은 아닌지 생각해보라고 했다. 윤 상무에게 물었다.

"경영자의 시선으로 지금 상황을 보신다면 이제 어떻게 하시 겠습니까?"

"먼저 두 팀장과 일대일로 코칭 시간을 갖고 그들의 태도에 대해 이야기를 나누어보겠습니다. 그리고 부사장님께 상황을 말씀 드리고 방향을 상의하겠습니다. 두 팀장에 대한 부사장님의 생각을 들어보고 싶습니다. 만약 두 사람을 다른 사업부로 옮기게 된다면 부사장님의 도움도 필요합니다."

"부사장님은 A와 B 중 어느 타입의 임원이십니까?"

"B타입이십니다."

"축하드립니다."

☑ 체크포인트

• 세상은 신호로 가득 차 있고, 조직에도 신호가 존재한다.

• 부정적인 일을 털어놓는 것은 솔직하다는 강력한 메시지를 전달하는 신호이다.

• 부정적인 태도를 보이는 구성원은 업무 성과와 조직 분위기에 나쁜 영향을 미친다.

• 성과는 역량과 태도의 합이 아닌, 곱이다.

• 리더의 일이란 자신의 조직을 인재로 채우는 것이다. 조직을 인재로 채우기 위해서는 성과를 내는 사람에게 인정과 보상을 아끼지 말아야 한다.

11장

리더의 자리에서
고민해야 하는
것들

대표의 호출을 거절한
김 부사장 이야기

　N사의 인사를 총괄하는 김 부사장은 일주일 전에 입사한 이 상무와 이야기를 나누고 있었다. 이 상무는 국내 회사인 S사에서 20년 가까이 경력을 쌓고 외국계 회사인 N사에 입사했다. 김 부사장은 이 상무가 잘 적응하고 있는지 자신이 도와줄 일이 있는지 궁금했다. 두 사람은 이야기를 나누고 나서 같이 점심을 하기로 했다.

　노크 소리가 들리고 김 부사장의 비서가 문을 열고 사장과 점심할 수 있는지 스케줄을 확인했다. 부사장이 답한다.

　"오늘 이 상무와 점심 같이하기로 했어요."

　"네. 알겠습니다."

　이 상무는 당황했다. "부사장님, 사장님이 점심 하자고 하시는데 그렇게 하시죠. 저랑은 다음에 해도 되지 않겠습니까?"

"괜찮습니다. 이 상무와 같이해야죠."

"그래도 사장님이 찾으시는 걸 보니 하실 말씀이 있는 거 아닐까
요?" 이 상무가 말했다.

"제가 이 상무와 미팅 후에 같이 점심을 하기로 했다는 걸 비서에
게 이야기해두지 않았네요. 비서는 제가 약속이 없다고 생각하고 점
심이 가능한지 물어본 겁니다. 제가 이 상무와 점심 약속이 있다는
걸 알았다면 저한테 물어보지 않고 사장 비서에게 선약이 있다고 이
야기했을 겁니다."

김 부사장은 미소를 지으며 말을 이었다.

"이 상무, 앞으로 일할 때 이걸 알아 두세요. 우리 회사에서 가장 중
요한 약속은 선약입니다. 저는 오늘 이 상무와 점심 하기로 했으니 사
장님이 찾으셔도 이 상무와의 약속이 더 중요합니다."

김 부사장의 말을 듣고 이 상무는 놀라지 않을 수 없었다. 이 상무
가 일했던 S사에서는 그렇지 않았기 때문이다. 팀원들과 점심을 먹기
로 했어도 예정에 없던 대표의 점심 호출을 받으면 팀장은 일정을 취
소하고 대표에게 뛰어가는 게 상식이었다. 협력업체와 미팅 후에 같이
점심을 하기로 했을 때도 갑자기 대표가 부르면 팀장은 무조건 대표
와의 점심에 참석했다. 유일하게 대표의 점심 호출을 면할 수 있는 경
우는 고객과의 약속뿐이었다.

조직의 문화는 어떻게 만들어지는가
리더의 태도와 조직문화

조직문화를 파악하는 방법은 다양하다. 사무실 인테리어나 직원들의 옷차림에서도 알 수 있고, 새로운 회사에 출근했다면 누가 회의에서 가장 많이 발언하고, 누가 회식에서 고기를 굽는지를 통해 조직문화를 엿볼 수 있다. 그러나 가장 정확하게 조직의 문화를 판단하는 방법은 구성원이 특정 상황에서 의사결정을 할 때 삼는 기준이 무엇인지 관찰하는 것이다. 즉, 상황에 대한 태도, 일과 인간관계에 대한 직원의 태도가 그 회사의 문화를 단적으로 보여준다.

예를 들어, 사업 확장을 위해 새로운 사업에 투자를 검토하고 있다고 하자. 사업 초기에는 이익이 나지 않을 수도 있다고 생각하고 투자를 검토하는 회사는 성장 지향의 문화를 갖고 있다고 볼 수 있다. 반면에 사업 특성상 초기에 이익이 나기 어려운 사업이지만 어떻게든 이익을 낼 방법을 모색해 검토하는 회사는 이익 지향의 문화를 갖고 있을 것이다.

S사는 팀원과의 점심 약속보다 예정에 없던 사장님의 호출이 더 우선시되는 문화를 가지고 있었다. 내부적으로 상사 지향의 문화를 갖고 있는 것이다. 고객과의 약속이 있을 때 사장님 호출

이 면제된다면 외부적으로는 고객을 중시하는 문화를 갖고 있는 것으로 보인다. 그렇지만 협력업체를 대하는 방식을 보면 고객의 중요도에 따라 고객에 대한 태도 역시 달라지는 듯하다.

앞에서 문화는 구성원의 태도라고 했다. 조직 구성원의 태도를 이끄는 것은 리더의 태도이다. 리더의 힘이 강할수록, 즉 리더가 직급이 높을수록 태도에 미치는 영향은 커진다. 대표나 회장의 말과 태도는 회사의 문화를 만들고, 부서장의 말과 태도는 부서의 문화를 만든다. 예정에 없던 점심식사를 요청했을 때 부하직원이 당연히 응해야 한다고 생각하는 S사 대표의 태도가 예정에 없던 회식에 참석하지 않는 신입사원을 괘씸하게 생각하는 부서장의 태도를 만들었을 것이다.

구성원들은 대표님이나 회장님의 태도가 그렇다면 우리가 무엇을 할 수 있겠느냐고 자조적으로 이야기할 것이다. 그렇지만 대표나 회장만이 리더가 아니다. 중간관리자들도 작은 것에서 회사의 문화와 구분되는 부서의 문화를 만들 수 있다.

미래전략팀의 유 팀장은 팀장을 맡은 이후 팀의 문화를 수평적으로 만들고자 노력해왔다. 이를 계속 강조해왔어도 팀원들은 아직도 선후배 사고에 사로잡혀 막내 신입사원이 부서의 대부분 잡일을 하고 있었다. 그는 두 가지 규칙을 만들었다. 첫 번째는 '돌아가며 한다.'로 정했다. 팀 점심 때 장소를 정하는 일과 화분에 물주는 일은 한 달에 한 사람씩 가나다순으로 돌아가면서 맡기로 했다. 순번에는 물론 유 팀장도 포함되어 있다. 두 번째 규칙은 '잘하는 사람이 한다.'이다. 회식 때 고기를 굽는 일은 막내가 아니라 전사에서도 고기를 잘 굽는다고 소문난 오 차장이 하기로 했다.

유 팀장도 점심 약속이 취소되었다고 갑작스럽게 팀원들에게 오늘 점심 같이할까?' 하는 말은 하지 않기로 했다. 혼밥은 무능력이 아니라 자신과 대화를 나누는 기회라고 한 박 코치의 말이 생각났다. 그건 사장님이나 회장님에게도 마찬가지일 거라고 생각했다.

취약성을 드러낸다고 약한 리더가 아니다
'모른다'고 말하는 용기

직급이 올라갈수록 '모르겠다'라는 말을 듣기 어렵다. 임원이 되고 대표가 되면서 점점 직급이 높은 구성원들과 회의를 하게 되었다. 회의 중에 궁금한 내용을 물었을 때 "그건 잘 모르겠습니다." 하는 대답을 듣기 힘들었다. 어떻게든 대답을 했지만, 듣고 보면 동문서답인 경우도 많았다.

아마도 상사나 동료 앞에서 모른다고 말하고 싶지 않았을 것이다. 팀장이 임원 앞에서, 임원이 대표 앞에서 모른다고 말하는 것은 무능하다는 고백이라고 생각했을지도 모르겠다. 지식 노동의 현장인 현대 기업에서 '모른다'고 말하는 것은 취약성vulnerability을 스스로 드러내는 일이다.

취약성이란 개인이나 집단의 약하거나 부족한 면을 말한다. 리더십 연구자들은 취약함을 솔직하게 드러내며 인정하라고 말한다. 특히 리더가 자신의 취약성을 드러내면 구성원은 그런 모습에 공감하게 되고 한 걸음 가까이 다가가게 된다. 더 나아가 리더를 신뢰하게 된다.

취약함을 드러내는 것은 비즈니스의 성과 면에서도 긍정적인 측면이 있다. 취약성, 즉 문제점이나 약한 면을 드러내면 사전에 문제에 대비하거나 문제가 축적되는 것을 방지할 수 있다. 예를 들어, 건설 현장에서 어떤 실수로 기둥에 자갈과 철근이 덜 들어갔다고 하자. 그 실수를 밝히지 않는다면 큰 사고로 확대될 수 있으나, 실수를 밝힌다면 재시공을 하거나 보완 공사를 해서 사고를 방지할 수 있다. 직급이 높을수록 모르는 것을 아는 척하면 더 큰 문제가 된다. 리더가 '모른다'고 할 때 구성원의 리더 마인드셋이 작동하여 스스로 일하기 시작하고, 구성원은 일의 주인이 된다. 리더는 '혼자 일하지 않는 리더'가 된다.

구성원이 리더에게 자신의 취약성을 드러낼 때도 비슷한 일이 벌어진다. 나와 함께 일했던 A상무는 똑똑하고 경험 많고 일 잘하는 임원이었다. 업무에 대한 지식도 깊어서 무엇을 물어봐도 막히는 것이 없었다. 그런데 그는 자신이 모르는 것은 "모르겠습니다." 하고 주저하지 않고 대답했다. 그가 모르겠다고 하면 내 머릿속에는 일을 어떻게 해결해야 할지 리더 마인드셋이 작동한다. 구성원에게 모든 것을 일임하는 '일하지 않는 리더'에서 '일하는 리더'로 돌아오는 것이다.

자신의 취약함을 드러내지 않는 것은 인간의 본성이다. 취약함은 적이나 경쟁자의 표적이 될 수 있고, 인간 사회에서는 배신의 원인이 될 수 있다. 자신이 약하다는 것을 드러내서 어떻게 살아남을 수 있겠는가. 그렇기 때문에 취약함을 드러내기 위해서는 용기가 필요하다. 자신의 약점을 드러낼 수 있는 사람은 강한 사람이다. 모르는 것은 모른다고 하고 자신의 약점을 드러내는 리더는 약한 사람이 아니다.

정신과 의사가 되어 소통의 자리를 마련하라
경청과 질문

자신의 사무실을 가진 많은 임원이 언제나 누구에게나 문을 열어 두겠다는 오픈 도어 폴리시를 실행한다. 하고 싶은 이야기가 있는 구성원은 누구라도 언제나 대화할 수 있으며, 대화가 어렵다면 이메일을 보내도 좋다고 한다. 그러나 부르지 않았는데도 사무실에 오는 직원은 거의 없다.

임원급 상사의 사무실 문을 두드리는 것은 쉽지 않다. 큰맘 먹고 임원과 30분 정도 이런저런 이야기를 나누고 왔더니 아무개가 상무님과 면담했다고 벌써 부서 내에 소문이 났다. 팀장님은 대놓고 물어보지는 못해도 무슨 이야기가 오갔는지 궁금해하는 기색이 역력하다. 이메일도 마찬가지다. 임원에게 이메일로 부서원들이 고생하고 있다고 이야기했더니 임원이 팀장에게 어떻게 전달했는지, 힘들면 자신과 먼저 이야기하자고 팀장이 돌려 말한다.

구성원이 부서장과 일대일로 이야기를 나누는 것에 비해 부서장의 상사인 임원급과 이야기를 나누는 것은 훨씬 부담스럽다. 오픈 도어 폴리시는 구성원이 고위 리더에게 부담 없이 다가갈 기회를 제공하는 제도다. 그렇지만 현실적으로 구성원이 문을 두

드리거나 메일을 보내는 것은 쉽지 않다. 아무리 괜찮다고 해도 어렵다. 때로는 부서장과 일대일로 이야기하는 것도 부담스러운데 임원과 이야기 나누는 것이 편하겠는가.

당신의 목소리를 들을 테니 리더에게로 오라 하지 말고, 목소리를 듣기 위해 리더가 먼저 다가가야 한다. 방법은 여러 가지가 있다. 조직 규모나 리더가 얼마나 시간을 낼 수 있는가에 따라 정기적인 메일, 일대일 면담, 점심 간담회, 부서 간담회, 타운홀 미팅 등의 소통의 자리를 만드는 것이다. 조직이 클수록 구성원과 대화하기 위해 이런 이벤트를 적극적으로 활용하고 있다.

방법을 모색하는 것보다 중요한 것은 다가가서 무엇을 하느냐이다. 점심 간담회 1시간 반 동안 리더 혼자서 1시간 20분을 이야기하더라는 이야기를 흔히 들을 수 있다. 이야기를 들어야 하는 자리에서 자신의 이야기만 하는 리더가 많다. 구성원과의 소통 자리에서 리더는 들어야 하고 듣기 위해서는 질문을 많이 해야 한다.

반드시 염두에 두어야 할 것도 있다. 구성원들로부터 진실된 이야기를 들을 수 있을 것이라고 기대하지 않는 것이다. 일대일 면담은 말할 것도 없고 여러 사람이 모인 자리에서 다른 사람이 듣고 있는데 우리 부서와 회사에 이런 문제가 있다는 이야기를 편하게 이야기할 사람은 없다. 구성원에게 다가가는 소통의 자리는 구성원과 가까워지고 소통의 기회가 열려 있다는 것을 알려주며 전체적인 분위기를 파악하는 역할을 한다.

대표이사로 승진하고 얼마 지나지 않아 동문 모임에서 B선배를 만났다. 그는 젊은 나이에 대기업 CEO를 연이어 한 분이었다. "박 대표, 사장 노릇 해보니까 어때?" "아직 몇 달 밖에 안 되어서 그런지 어리바리합니다." "정신없지? CEO는 반은 정신과 의사가 되어야지." 다른 선후배들과 인사 나누느라 더 길게 대화를 나누지 못했다. 집에 오면서 정신과 의사가 되라는 것이 무슨 뜻인가 싶었다.

대표이사가 되고 1년쯤 지나니 B선배의 말이 이해되기 시작했다. 대표라는 자리는 사람과 조직에 대해 정확하고 솔직한 정보를 얻기 힘들었다. 보고나 회의 때 보이는 관리자들의 모습이 그들의 본모습이라고 생각할 수 없었다. 부서장에게 직접 듣고 인사부서를 통해 모니터하는 것 말고도 대표가 촉각을 곤두세워 조직이 어떻게 돌아가고 있는지, 리더들은 역할을 다하고 있는지 직접 파악해야 했다. 회의에 참석한 부서장과 임원들이 나누는 대화의 분위기만 보고도 부서 간에 갈등이 있는지 짐작할 수 있어야 했다.

당시 회사가 입주해 있던 건물은 큰 사무공간과 이와 분리된 긴 복도가 있었다. 복도의 끝에 대표이사실, 맞은편 끝에 화장실이 있어 사무공간을 지나지 않고도 화장실에 갈 수 있었다. 그렇지만 나는 사무실을 나와 빠른 길인 복도가 아니라 사무공간을 거쳐서 화장실에 다녔다. 오가는 길에 직원들이 일하는 모습을 볼 수 있었다. 짧은 시간에 사무실에서 직원들이 일하는 모습을 보는 것은 큰 의미가 있었다. 직원들 공간에 가서 이야기를 주고받는 것보다 오히려 스치듯 지나가면서 보는 게 진짜 모습을 볼 수 있었다.

경영자가 자신의 방을 나와 직원들이 일하고 있는 공간을 돌아다니면서 말을 걸거나 업무에 대해서 이야기를 나누는 목적은 두 가지이다. 하나는 직원들에게 다가가고 위해서이고, 다른 하나는 직원들이 일하고 있는 모습을 보면서 회사 분위기를 파악하기 위해서이다. 소위 'MBW ^{Management By Wandering Around}(배회관리排個經營)'이다.

경영자들은 회의실이나 임원실이 아닌 곳에서 직원들이 일하는 모습을 보고 싶어 회사를 돌아다닌다. 그렇지만 그때 경영자들이 보는 모습은 그들의 진짜 모습이 아니다. 상사가 주위를 돌아다니면 직원들은 경영자를 의식한다. 어떤 직원은 자리에서 일어나서 인사를 하기도 하고 어느 부서장은 상사를 따라 다니며 '영접'과 '의전'을 하기도 한다.

나는 천천히 사무 공간을 거쳐 화장실로 가면서 내색 없이 사무실에서 벌어지는 일을 관찰했다. 'A부장은 직원들과 이야기할 때 참 즐거워 보이네.' 'B팀장은 나한테 보고할 때는 조곤조곤한데 직원들한테는 말할 때는 좀 막 하는데…….' 'C차장은 골치 아픈 일이 있나, 전화 받는 소리가 좋지 않네.' 'D팀은 회의 때 웃음소리가 큰 게 부서 분위기가 참 좋구나.' 'E과장과 F과장은 사이가 안 좋은지 주고받는 말에 가시가 있네.'

직원들이 보고나 회의 때 보여주는 모습은 정제된 모습이다. 누구나 상사에게 좋은 모습을 보여주려고 한다. 심하게 말하면 '체'하고 '척'하는 모습이다. 나무랄 일은 아니다. 그렇지만 그런 모습만 가지고 판단하면 그들이 리더나 구성원으로서 어떻게 역할을 하고 있는지 파악하기 어렵다. 어쩌면 경영자는 매 순간 평가를 해야 하는 자리인지도 모르겠다.

☑ 체크포인트

- 리더의 태도는 조직의 문화를 만든다. 리더의 힘이 강할수록 조직문화에 미치는 영향은 커진다.

- '모른다'고 말하는 것은 자신의 취약성을 스스로 인정하는 것이다.

- 리더가 취약함을 드러낼 때 구성원의 리더 마인드셋이 작동하여 스스로 일하기 시작한다. 자신의 약점을 드러낸다고 해서 약한 리더가 되는 것은 아니다.

- 리더는 정신과 의사가 되어야 한다. 보고나 회의에 의존하지 않고 촉각을 세워 조직이 어떻게 돌아가고 있는지 직접 파악한다.

12장

일하지 않는
리더가 되라

혼자서는 결정을 내리지 못하는
송 팀장 이야기

송 팀장은 1년 전 P사에 입사했다. 그는 국내에서 대학을 졸업하고 미국에서 박사 학위를 받았다. 미국의 저명한 교수의 연구실에서 박사후 과정을 밟았고 그때 연구한 내용을 인정받아 중견기업인 P사에 신규사업팀장으로 입사했다.

P사가 추진하고 있는 신규 사업은 송 팀장이 연구한 기술을 사업화하는 것이었다. P사의 연구소에서도 지난 몇 년간 비슷한 기술을 개발해왔지만 그가 미국에서 일했던 연구실은 사업화에 더 접근해 있었다. 회사는 송 팀장의 경험이 신규 사업에 도움이 될 거라고 믿고 있었다.

송 팀장은 내향적이고 조용한 사람이었다. 평소에는 말이 없고 목소리도 잘 높이지 않았지만 대화하고 토론하는 것을 즐겼다. 결정할 사안이 있으면 팀원들과 의논해서 결정했다. 팀원들은 팀장의 이런 스타일을 좋아했다. 그는 회사의 다른 관리자들과 달리 소통하는 상사로 인정받았다.

그러나 시간이 지나면서 송 팀장의 의사결정 스타일을 불편해하는 팀원들이 생기기 시작했다. 팀원들은 그가 너무 사소한 사안까지 협의를 거쳐 결정하고 있다고 생각했다. 신규사업팀은 고위 경영진에 대한 비정기적인 보고나 재무부서의 자료 요청이 많았다. 이런 사안이 생길 때마다 송 팀장은 전 팀원을 소집해서 누가 그 일을 맡는 것이 좋을지 물었다.

팀원들은 아직 팀의 규모가 크지 않아 전원이 모여서 의논하고 결정해도 큰 문제가 없지만, 앞으로 팀이 커졌을 때에도 이렇게 할 수는 없을 것이라고 생각했다. 선임급 팀원 두 사람이 중요한 일이 아니면 팀장이 결정하고 지시해달라고 넌지시 송 팀장에게 이야기했다.

완벽한 그에게 딱 한 가지 없는 것
리더의 용기

모든 것이 완벽해보이는 송 팀장에게도 한 가지 고민이 있었다. 바로 혼자서는 결정을 잘 하지 못한다는 것이었다. 입사 초부터 송 팀장이 논의를 통해 모든 일을 결정지을 때 팀원들은 모두의 의견을 경청하는 그의 태도에 감명받았다. 하지만 1년이 지난 지금 사소한 것까지 하나하나 함께 고민해야 하는 것이 부담스럽고 귀찮게 다가왔다. 의사결정에 있어서 그가 불편하게 느끼는 점이 무엇인지 물었다.

"제가 단독으로 결정해서 직원들에게 지시하는 것이 불편합니다. 그러다 보니 혼자 결정할 일인데도 팀원들의 의견을 물어보는 경향이 있습니다. 연구만 하다보니 회사 일을 혼자 결정하는 데 자신이 없었던 것도 있고요. 제 생각과 다른 의견을 들을 때면 당황스럽습니다. 그게 불편해서 먼저 직원들 생각을 물어보게 됩니다. 사실 이 사업의 기술적인 부분은 제 전문인데 말이죠. 제가 결정해도 될 거 같은데 아직도 망설여집니다."

오랫동안 경영 컨설턴트로 일하다가 중견기업 임원으로 입사했을 때가 떠올랐다. 나 역시 모르는 일은 몰라서, 아는 일은 아는 대로 직원들의 의견을 듣느라 의사결정이 힘들었다. 그래서 일단 직원들의 의견을 들은 다음 판단하고 결정하고 지시하기로 마음 먹었다. 그때 용기를 내기 위해 스스로 주문을 중얼거리곤 했다.

동료나 상사가 반대하는 결정을 할 때 리더는 두렵고 외롭다. 같이 이야기 나눌 사람도 없고, 위로해주는 사람도 없다. 이럴 때 용기를 주는 격언이나 경구를 주문처럼 중얼거리면서 스스로를 토닥이는 방법은 큰 도움이 된다. 내가 외웠던 몇 가지를 소개한다.

• 모든 책임은 내가 진다

미국의 33대 대통령 해리 트루먼$^{Harry\ S.\ Truman}$의 좌우명이다. 트루먼은 일본에 원자폭탄 투하와 한국전쟁의 참전을 결정하는 등 어려운 결정을 많이 내렸다. 내가 결정해도 되는 사안을 더 높은 분께 물어보아야 하지 않겠느냐고 하는 등 부하직원들이 자존심을 자극할 때 이 문장을 중얼거리면 용기가 샘솟는다.

비슷한 말로 "이건 내가 결정할게."도 있다. 반대 의견을 아무 말 없이 듣다가 목소리를 깔고 "이건 제가 결정하겠습니다." 하고 읊조리면 더 이상 토를 다는 사람은 없다.

• 경영은 컨센서스^{consensus}가 아니라 확신^{conviction}이다

이 문장은 내가 만든 것이다. 구성원의 합의나 사회적 합의가 이루어지는 경우를 목격한 적이 있는가? 합의가 필요하다는 것는 하기 싫다의 다른 표현이다. 경영은 민주주의에 의한 다수결이 아니다. 한 사람을 제외하고 모든 사람이 반대해도 해야 할 일은 해야 할 때가 있기 때문이다. 구성원의 합의가 부족하다고 반대하는 사람에게 이 말을 하고 난 뒤 "이건 내가 결정할게."를 덧붙여보시라.

• 반대하고 따르라

존경하는 선배 CEO의 말이다. 결정할 때는 아무 말 없다가 결정되고 나서 맞네, 틀리네 하는 사람이 있다. 반대 의견이 나올 만한 사안에 아무런 의견이 없을 때 이렇게 말하면 된다. "반대하고 따르라는 말이 있습니다. 의견이 있는 분은 지금 말씀하십시오. 가부가 결정되면 모두 한 팀입니다."

• 이끌든지, 따르든지, 아니면 비키든지

CNN 창업자 테드 터너[Robert E. Turner]가 한 말이다. 문장 형태의 경구가 아니라서 대화 중에 사용하기는 적절하지는 않다. 포스터로 만들어 벽에 붙여서 회의 참석자의 눈에 띄게 하면 효과적이다.

조직이 수직적인 문화를 가졌다면 부정적으로 들리고 수평적인 문화를 가졌다면 긍정적으로 들린다. 그렇지만 수평적인 조직도 조직문화 측면에서 그렇다는 것이지 결국 모든 조직의 생김새는 수직적이다. 어느 조직에서나 상사와 부하, 책임자와 구성원이 존재한다.

요즘은 수평적인 조직문화를 지향하다 보니 관리자의 무게감이 과거와 같지 않다. 그렇지만 아무리 조직문화가 수평적이라고 해도 결정하고 책임지는 사람은 있어야 한다. 결정하고 책임지는 사람이 상사이고 관리자이고 보스이다.

인기 있는 상사가 되고 싶은 리더를 위한 조언
착한 상사 증후군 극복법

리더십 코칭을 하다 보면 많은 리더가 '착한 상사 증후군^{Nice} $^{Boss\ Syndrome}$'에 감염되어 있다. 이 병의 대표적인 증상은 상사가 부하를 나무랄 일이 있어도 나무라지 못하거나 부하들에게 인기 있는 상사로 인정받고 싶어 하는 것이다. 이 글을 읽는 독자 중 직원과 좋은 관계를 유지하고 싶고 쿨해 보이고 싶은 열망이 강한 상사가 있다면 자신이 착한 상사 증후군이 아닌지 의심해보아야 한다.

무엇이 호랑이 같던 우리의 상사들을 그렇게 만들었을까. 가장 큰 원인은 다면평가이다. 많은 리더가 다면평가에서 낮은 점수를 받지 않기 위해 부하직원들의 심기를 거슬리는 일을 피하려고 한다. 게다가 다면평가 결과를 승진에 반영하는 회사도 있어서 평가 결과가 리더의 경력에 미치는 영향이 커지고 있다.

과거에 업무평가는 상사가 하는 것이 일반적이었다. 상사의 일방적인 평가를 보완할 수 있는 방법으로 탄생한 것이 다면평가이다. 그렇지만 다면평가는 객관성을 확보하기 쉽지 않고, 일부 평가자는 개인적인 감정으로 악용하기도 한다. 그래서 다면평가의 결과는 피평가자의 역량 또는 리더십을 계발하기 위한 목적으로만 사용해야 한다.

물론 리더의 역할을 수행할 수 있을지 의심될 정도로 낮은 평가 점수를 받은 피평가자에 대해서는 고민해보아야 할 것이다. 즉, 높은 성과를 냈다고 해도 다면평가 점수가 5점 만점에 2점 초반대를 받은 관리자라면 승진은 물론이고 현재 역할에 대해서도 재고해보아야 한다.

착한 상사 증후군의 또 다른 원인으로는 소통에 있어 상사와 부하 간에 받아들이는 차이가 크다는 것이다. 그 차이는 상사 세대와 2030 젊은 세대 간에서 특히 크다. 팀장은 업무 진행을 챙겨보았을 뿐이지만 부하는 야단맞았다고 느낀다. 주말을 어떻게 보냈는지 궁금해서 물어보았더니 사생활을 침해한다고 한다. 요즘 사원들은 왜 이런 것인지 상사들은 고민이다.

이를 극복하기 위해서는 세대 간의 이해가 필요하다. 젊은 세대에 대한 리더 세대의 이해도보다 리더 세대에 대한 젊은 세대의 이해도가 훨씬 높다. 젊은 세대는 자신의 부모를 통해 리더 세대를 이해하고 있기 때문이다. 리더 세대는 젊은 세대를 'MZ'라는 이름으로 매도하지 말아야 한다. 젊은 직원들과 일하기 힘들어하는 리더들은 이러한 태도가 세대의 특성이라기보다 개인의 특성이라고 지적했다. 상황이나 사안에 따라 태도가 달라지기 때문이다.

고대부터 존재했다고 하는 젊은 세대의 '싸가지 없음'이 지속되었다면 인류는 멸망하지 않았을까? 미디어에서 기사를 위해 몇 년에 한 번씩 만들어내는 '세대론'은 잊고 구성원 한 사람 한 사람을 인격체로 받아들인다면 세대 차이를 넘어설 수 있을 것이다.

착한 상사 증후군을 극복하기 위한 두 가지 방법을 제시한다. 첫째, 보스는 당신임을 명심해야 한다. 리더는 결정하는 사람이다. 구성원에게 일의 목적에 대해 충분히 설명하고 구체적으로 무엇을 어떻게 언제까지 할지 생각을 들어보라. 그다음 그들의 생각과 당신의 생각을 종합해서 일하는 방법을 결정한다. 자신들의 생각과 다르다고 불만에 찬 구성원들에게 "내가 결정했다." 라고 말하는 것이다.

둘째, 경험이 부족한 경우 일하는 방법을 구체적으로 설명하라. 리더는 인재를 육성하는 사람이다. 지금 나는 잔소리를 하고 있는 것이 아니라 상사로서 해야 할 일을 하고 있다는 것을 분명히 한다.

세상은 바뀌었다. 화를 못 이겨 부하를 혼내고 나서 저녁에 소주 한잔 하면서 달래주는 시대도 갔고, 상사가 퇴근하지 않아서 부하직원이 퇴근하지 못하는 시대는 더 이전에 지나갔다. 하지만 보스의 역할과 책임을 내려놓을 수는 없다. 이제 진정한 보스는 어떤 모습일까.

리더의 일은 모든 구성원을 리더로 만드는 것
리더 마인드셋

과거에는 상사가 직원들에게 주인의식을 갖고 일하자고 훈계하면 구성원들은 한 귀로 듣고 넘겼다. 언제부터인지 모르겠지만 '주인이 아닌데 어떻게 주인의식을 갖습니까? 회사 주식이라도 좀 나눠주면 모를까.' 하는 까칠한 반응이 나오기 시작하면서 주인의식을 강조하는 훈계는 사라졌다.

"우리는 모두 리더이다."라는 말이 있다. 여기서 '리더'는 포지션을 의미하지 않고 '마인드셋mindset'을 의미한다. 모든 사람이 부서장이나 임원이 될 수는 없다. 모두가 리더라는 말은 일할 때 결정과 행동을 구성원 자신이 주도하는 마인드셋을 갖는 것을 말한다.

'일하지 않는 리더'는 하나하나 지시하지 않는다. 리더 마인드셋은 일하지 않는 리더와 일하기 위해 구성원이 갖추어야 할 전제 조건이다. 일하지 않는 리더와 일하게 되면 처음에는 시키는 일만 시키는 대로 하다가도 리더 마인드셋을 자연스럽게 갖게 될 것이다.

'모든 사람이 리더'라는 리더 마인드셋은 간단히 말하면 누가 시키지 않아도 스스로 하는 것을 말한다. 누구나 남이 시키지 않아도 하는 일이 있다. 친구들을 만나 노는 일이나 컴퓨터 게임을 하는 일은 남이 시키지 않아도 한다. 남이 시키지 않아도 위험에 처한 가족을 구한다.

업무는 기본적으로 상사의 지시로 이루어진다. 그렇다면 우리는 어떻게 주도해야 할까? 모든 사람은 자신의 생각이나 주관이 있다. 일은 상사가 시키지만 구성원 각자는 그 일을 어떻게 수행할 것이라는 생각을 가진다. 조직에서 일하는 사람이라면 상사의 업무 지시를 들으면서 '그렇게 하면 안 되는데……' 또는 '이렇게 하면 더 좋은데……'하는 생각을 해보았을 것이다. 그것이 바로 리더 마인드셋이다.

리더 마인드셋은 인간의 본성이다. 사람이라면 일에 끌려다니지 않고 일의 주인이 되어 주도적으로 일하고 싶어 한다. 인간이라면 명령을 받기보다 명령을 하고 싶어 한다. 그래서 구성원이 리더 마인드셋을 가지는 것은 쉬운 일이다. 오히려 '일하지 않는 리더'가 되는 것이 어렵다. 지시하고 내 마음대로 하고 싶은 것을 꾹꾹 눌러 참아야 하기 때문이다.

조직을 경영하거나 리더십을 발휘하는 일이 어려운 이유가 바로 이것이다. 경영은 구성원들로 하여금 인간의 본성을 거스르는 일을 하게 하는 것이다. 이기적인 인간에게 자신보다 조직을 우선하도록 하거나 서로 협력해서 일하도록 해야 한다. 그래서 리더 노릇 하기가 더 어려운 법이다. 그래서 리더는 급여를 조금(?) 더 받는 걸지도 모르겠다.

☑ 체크포인트

• 조직문화가 수평적이더라도 결정하고 책임지는 사람은 있어야 한다. 리더의 역할은 결정하고 책임을 다하며 책임을 지는 것이다.

• 많은 리더가 착한 상사 증후군에 빠져 있다. 직원과 좋은 관계를 유지하고 싶고 쿨해 보이고 싶다면 착한 상사 증후군이 아닌지 의심해봐야 한다.

• 리더는 젊은 세대를 MZ라는 이름으로 매도하지 말아야 한다.

• 우리는 모두 리더이다. 일에 있어 결정과 행동을 주도하는 마인드셋을 가져야 한다.

모든 리더와 구성원의 관계가

멘토와 멘티의 관계는 아니다.

상사를 진정한 멘토이자 리더로 섬기는 관계는

리더가 아닌 구성원이 정한다.

리더는 구성원이 리더로 인정해줄 때

비로소 진정한 리더가 된다.

13장

마지막 출근을
생각하며
일하라

새로 온 상사 때문에 무기력해진
박 과장 이야기

국내영업팀 박 과장은 회사 다니는 게 별 재미가 없다. 처음부터 그랬던 건 아니다. 이 무기력은 1년 전 잘 맞지 않는 이 팀장이 부임하면서부터 시작됐다. 이 팀장은 목표 지상주의자로 매달 목표 달성에 사활을 건다. 반면에 박 과장은 고객과의 관계를 깊게 하는 것을 최우선으로 한다. 당장의 이익에 손해를 보더라도 고객 관계를 굳건히 만들어놓으면 결국 이익으로 돌아온다고 생각한다.

목표 달성은 영업사원으로 당연한 것이니 매월 숫자는 맞추고 있다. 그렇지만 이 팀장은 거래에 있어서 가격이나 채권에 절대 양보하지 않는다. 아직은 경쟁사에 비해 품질이 우수해서 큰 문제가 없지만 고객사들이 경쟁사 제품으로 갈아 탈 준비를 하는 움직임이 보인다.

머지않아 고객사가 이탈하고 매출 증가세가 둔화될 거 같다.

팀 동료들은 팀장이 시키는 대로 잘 따라가고 있다. 목표를 달성해서 성과급 받고 승진하면 되는 거 아니냐는 팀장의 생각에 동조하고 있다. 박 과장은 이런 식으로 영업하면 장기적으로 문제가 될 거 같다고 계속 말해왔다. 대형 고객사와의 거래 조건에 대해 이야기하다가 팀장과 서로 언성을 높이기도 했다.

박 과장은 일을 잘하고 리더십이 있어 차기 팀장으로 꼽혀왔다. 새로 시작하는 일이 있으면 솔선수범하고 회식도 주최하며 팀 분위기 조성에 앞장서왔다. 이제는 이 팀장은 물론 팀원들과도 점심을 먹거나 어울리기 싫어 스스로 왕따를 자처하고 있다. 아무도 그에게 사적인 이야기를 건네지 않는다.

어쩌다 이렇게 되었을까. 아무리 그래도 이 팀장의 영업 방침을 전적으로 따르기는 싫다. 이직을 생각해보았지만 용기가 나지 않는다. 팀장만 아니라면 이 회사에서 계속 일하고 싶다. 업종도 매력 있고 정도 들었다. 그렇지만 뭔가 변화가 필요하다. 신입사원의 기분으로 새롭게 시작해보고 싶다.

직장인에게도 리셋이 필요하다
리셋 성공의 조건

스마트폰을 오래 사용하면 앱이 제대로 작동하지 않거나 느려지고 배터리가 빨리 소모된다. 앱을 설치했다 지우면서 완전히 삭제되지 않았거나 사용하지 않는 앱이 주인도 모르게 메모리나 전력을 소모하고 있기 때문이다. 이럴 때는 리셋을 해야 한다. 리셋은 기기에 있는 앱, 데이터와 등록정보를 모두 지우고 공장에서 출고된 상태로 되돌리는 것을 말한다. 리셋을 하면 운영 프로그램도 업데이트되어 새로운 기능도 설치되고 속도도 빨라져서 새 스마트폰 같은 기분이 든다.

직장인에게도 리셋이 필요할 때가 있다. 직장인의 리셋이란 조직 내의 불편한 관계나 잘 풀리지 않는 업무에서 벗어나 새로운 관계를 만들고 즐겁게 일하는 것을 말한다. 대개 직장을 옮겨 이직하거나 부서를 옮겨 새로운 상사 및 동료와 새로운 업무를 하고 싶다는 욕구로 표현된다.

한국의 직장인들도 평생 직장을 추구했던 과거에 비해 전직을 편하게 받아들이고 있다. 그러나 직장을 옮기는 것은 여전히 쉽게 결심할 수 있는 일은 아니다. 미국의 정신과 의사인 토머스 홈스Thomas Holmes와 리처드 라헤Richard Rahe가 만든 '스트레스 척도The

Holmes and Rahe Stress Scale'에 따르면 직장이나 부서를 옮기는 것은 인간의 스트레스 중 18번째로, 친한 친구의 죽음(17위)에 맞먹는 큰 스트레스다.

게다가 한국의 산업은 규모가 적고 업종 내 기업의 수가 많지 않아 이직처가 다양하지 않다. 전 직장에서 하던 업무를 계속 하고 싶다면 대개 경쟁사로 옮기거나 협력사로 가야 한다. 아직은 경쟁사끼리 서로 인력을 뽑는 분위기도 아니고 법적으로 문제가 되는 경우가 있어서 아무리 우수한 인재라고 해도 회사를 옮기기란 쉽지 않다. 협력사의 경우 현재의 직장보다 규모가 작은 경우 더 좋은 대우를 받기 어려울 때도 있다.

회사를 떠나고 싶지 않다면 부서를 옮기는 방법도 있다. 부서를 옮긴다는 것은 업무가 달라지는 것을 의미한다. 이를 감수하고 부서를 옮긴다면 새로운 상사, 동료와 새로 관계를 만들어나갈 수 있다. 그렇지만 회사 내 평판이 있어 부서만 옮긴다고 모든 일이 새롭게 시작되는 것은 아니다. 본인도 아무 일도 없었던 듯이 갑자기 행동을 바꾸기란 쉽지 않을 것이다.

전직이든 부서 이동이든 결국 리셋은 새로운 상사 및 동료와 일하게 될 때 가능하다. 부서를 옮기지 않더라도 상사가 바뀌어 부하의 변화를 인정하고 응원해준다면 부하는 리셋하게 된다. 상사는 직장 생활 리셋의 핵심이다.

부하의 리셋을 위해 상사가 염두에 두어야 할 강령이 있다. 첫 번째는 새로운 구성원을 편견 없이 대하는 것이다. 부서장이 바뀔 때 전임자와 후임자가 인수인계를 한다. 중요한 인수인계 사항 중 하나는 전임자가 후임자에게 구성원에 대한 전반적인 평을 전달하는 것이다. 이런 인수인계는 굳이 하지 않는 편이 좋다. 전임자의 평은 새로운 상사의 말과 행동에 영향을 미치기 때문이다. 후임자는 부서에 부임하기 전에 이미 알고 있던 직원에 대한 인상을 지우고 새롭게 보려고 애쓸 필요가 있다.

두 번째는 백지 상태에서 구성원에게 공평하게 기회를 주어야 한다. 상사는 새 구성원에게 편견 없이 일을 맡겨야 한다. 직급과 경험에 맞는 일을 주고 직접 평가해보아야 한다. 전임자의 평이나 소문에 근거하지 않고 자신의 판단에 따라 구성원에 대한 평가 기초를 만들어야 한다.

나는 임원과 CEO로 직장을 여러 번 옮겼다. 외부에서 영입된 임원이나 대표는 같이 일하게 된 사람들이 어떤 사람인지 잘 알 수 없다. 누가 실력자고 누가 부진자라고 이야기해주는 사람도 없었고 그런 정보를 굳이 구하려 하지도 않았다. 직책과 담당 업무에 따라 당연히 해낼 거라고 여기고 업무를 주고 지시할 수밖에 없었다.

동료 임원이나 인사부서를 통해 열정적으로 일하는 B팀장에 대한 과거의 평가를 들을 기회가 있었다. 그는 똑똑하지만 동료와 잘 부딪치고 업무에 열의가 없었다고 했다. 내가 아는 B팀장은 전혀 그런 사람이 아니었다. 내 평가와 다르다는 말에 "대표님이 오신 다음에 많이 바뀌었습니다."라는 대답이 뒤따랐다. 회사를 떠나는 환송회 자리에서 B팀장이 "대표님, 편견 없이 대해주셔서 감사했습니다." 하고 인사했다. B팀장은 리셋에 성공했다.

내가 외부에서 영입되지 않고 내부에서 승진했다면 편견 없이 B팀장을 대할 수 있었을까. 고백하건대 쉽지 않았을 것이다. 리셋은 상사가 80이고 자신의 노력이 20이다. 전적으로 상사에 달려 있다고 말해도 지나치지 않다. 상사에게 리셋은 구성원 하나하나가 제 밥값을 하는 조직을 만들 수 있는 엄청난 기회이다. 아니, 그 무엇보다 사람을 구하는 일이다.

오늘이 마지막이라고 생각하면 할 일이 더 뚜렷이 보인다
지금 해야 할 일

중견기업 CEO인 K가 회사를 그만둔다는 소식을 들었다. 그는 대기업에서 20년을 근무한 후 10년간 세 곳의 중견기업에서

CEO를 지낸 경영자였다. 이번 퇴임은 생각보다 빨랐다. 경영 수업을 받고 있던 2세 경영자에게 예상보다 빠르게 자리를 비워주게 되었기 때문이다.

나와 K는 초등학교부터 오랜 친구이다. 대학은 달랐지만 공대에서 같은 분야를 전공했고 첫 직장은 같은 업계의 경쟁사였다. 같은 해에 나란히 연구원으로 입사했다. 나는 입사 6년 만에 첫 직장을 떠나 다양한 업종의 회사를 옮겨 다니며 경력을 쌓았고, 두 군데 제조업체에서 CEO를 지냈다. 반면에 K는 첫 직장에서 연구개발 외에도 생산팀장, IT팀장, 인사팀장, 공장장을 거치며 다양한 경험을 했고, 이후 다른 업종의 세 회사에서 CEO로 일했다.

K에게 전화가 왔다. 오늘이 마지막 출근인데 점심 이후 일찍 퇴근하니 커피나 한잔 하자고 했다. 그가 먼저 도착해서 기다리고 있었다. 나는 자리에 앉자마자 물었다.

"이제 마지막 출근은 그냥 담담하지?"

마지막 출근을 평생 한 번 하는 사람도 있고 직장을 여러 번 옮긴 나처럼 열 번쯤 해보는 사람도 있다. 마지막 출근을 한두 번 하는 사람은 시원섭섭하거나 착잡하거나 아쉽거나 억울하거나 할 것이다. 마지막 출근을 여러 번 하다 보면 그 기분을 표현하는 건 그냥 담담하다는 말밖에는 없다. 큰 느낌이 있는 건 아니지만 그렇다고 일상 같지도 않다.

"지금도 그렇지만 20년 다닌 첫 직장 그만둘 때도 담담했어."

"20년이나 다녔는데 어떻게 그럴 수 있지? 득도하셨나?"

"회사나 부서의 이동이 있을 때면 항상 떠날 때의 내 모습을 생각했거든."

K가 떠날 때의 모습을 생각하게 된 것은 인사팀장이 된 직후라고 했다. 새로 선임된 임원들을 대상으로 일종의 오리엔테이션을 하게 되었다. 오리엔테이션은 그룹 매뉴얼에 따라 신임 임원들에게 임원의 역할, 회사와 부하 직원들이 임원에 기대하는 바, 임원 처우에 대해 교육하는 것이었다. 그런데 거기에 더해 퇴임에 대한 내용이 있었다. 퇴직 절차와 퇴직금, 고문 선임 및 기간, 고문 기간 중 편의 등에 대한 것이었다.

오리엔테이션 후반에 퇴임에 대해 안내하니 원들의 표정이 굳어졌다. 끝나고 같이 식사하는 자리에서 "회사에서 겁주는 거 같다." "임기가 짧아졌나 보다." 하는 농담 반 진담 반의 뼈 있는 말이 참석자들 사이를 오갔다. 이후 몇 년간 K는 인사팀장으로 퇴임하는 임원들의 모습을 지켜보았다. 퇴임을 받아들이지 못하는 사람도 있었고 상사와 부하를 원망하는 사람도 있었다. 반면에 임원까지 승진해서 일할 수 있었음에 감사하거나 부하들에게 더 잘해주지 못했음을 아쉬워하는 사람도 있었다.

"승진하거나 떠나는 임원들을 보면서 처음 승진해서 가슴이 벅찰 때 오히려 퇴임에 대해 생각해보는 것이 가치 있다는 생각이 들더라고. 회사원이나 임원으로서가 아니라 인간으로서의 나를 생각해보게 되는 것이지. 그룹에서 그런 의도로 오리엔테이션에 퇴임에 대한 내용을 넣었는지는 모르겠어. 그렇지만 나는 그렇게 받아들였어."

이후 K는 부서나 회사를 옮겨서 첫 출근을 할 때면 항상 마지막 출근하는 날 자신의 모습을 상상했다. 이 자리를 떠날 때 업무적으로 무엇을 이루었을까, 상사로서 조직에 어떤 영향을 주었을까, 구성원들은 자신을 어떤 리더로 기억할까 하고.

마지막을 생각해보면 지금 할 일이 무엇인지 깨닫게 된다. 마지막 모습을 생각하면 내가 이곳에서 할 일이 무엇인지, 그 일을 하기 위해 중요하게 여길 가치가 무엇인지, 그렇게 하기 위해 상사, 동료나 부하들과 어떤 관계를 맺을 것인가 하는 것이다. 시작할 때 생각해본 자신의 끝은 시간이 지나도 머릿속에 남아 있게 되고 말과 행동에 영향을 미친다.

"그렇게 끝을 그려보았으니 회사를 떠나게 되어도 담담할 수 있었지. 후회할 일을 최소화한다고 할까. 하하하······." K는 담담하다 못해 유쾌했다.

"그나저나 평생 직장에 입사한 걸 축하해." 내가 말했다.

"평생 직장? 내가?"

"웅. 주식회사 하얀손. 하하하하하."

"그런 회사가 있어?" K는 여전히 어리둥절한 눈치다.

"이 사람이 아직 진정한 마지막을 모르는구먼. 그 유명한 회사를 모르다니. 흰 백白, 손 수手 백수! ㈜하얀손 말이야."

체크포인트

- 직장인에게도 리셋이 필요하다. 부서를 옮기거나 이직을 통해 새로운 환경에서 일할 수 있다.

- 리더는 조직의 새로운 구성원을 편견 없이 대하고, 공정한 기회를 부여해야 한다.

- 항상 마지막 출근을 생각하라. 나는 무엇을 이루었으며, 어떤 영향을 주었으며, 어떤 리더로 기억될 것인가. 마지막을 떠올리면 지금 할 일이 무엇인지 깨닫게 된다.

리더십의 순간

몇 년 전, 직장인의 삶과 애환을 다룬 드라마 〈미생〉을 뒤늦게 열심히 보고 있었다.

"당신은 등장인물 중에 누구랑 가장 가깝다고 생각해?"

아내가 물었다.

"나야 당연히 오상식 차장이지."

오상식 차장은 장그래와 더불어 미생의 주인공으로 유능하면서 인간미 넘치는 상사의 전형을 보여주는 캐릭터였다. 아내는 다들 자신이 오상식 차장과 닮았다고 주장한다면서 나에게 진짜로 닮았는지 잘 생각해보라고 했다. 등장인물을 하나하나 떠올려보았다. 나는 오상식이 아니었다. 나와 가장 닮은 등장인물은 장백기였다. 신입사원 시절의 나는 드라마의 장백기 사원처럼 할 줄 아는 것도 없으면서 자신이 잘난 줄 아는 그런 애송이였다.

30여 년의 시간 동안 회사 열 곳을 다니며 수많은 상사를 만나왔지만 가장 기억나는 두 분이 있다. 신입사원 시절 나를 믿고 일을 맡긴 분과 모든 일을 하나하나 가르쳐준 분이다. 한 분은 아무것도 모르는 나에게 제품개발 프로젝트를 진행하도록 지시했고, 다른 한 분은 내가 쓴 보고서를 빨간 플러스펜으로 몇 번이나 고쳐주었다. 아무것도 모르고 제 잘난 줄만 알던 애송이는 어떻게 사장의 자리까지 오를 수 있었을까.

'리더의 자질이란 타고 나는 것인가, 아니면 계발되는 것인가.' 하는 질문은 리더십을 연구하는 학자들의 오랜 연구 과제였다. 여러 의견이 분분했지만 '자리가 사람을 만든다.'라는 주장이 꾸준히 힘을 얻는 것을 보면 리더십은 반드시 타고나야 하는 것은 아닌 것 같다. 그렇다면 리더십은 어떻게 배울 수 있을까.

리더십을 배울 수 있는 유일한 방법은 '리더십의 순간^{Leadership} Moment'을 목격하도록 하는 것이다. '리더십의 순간'이란 상사, 동료와 고객이 보여주는 리더로서의 말과 행동을 보면서 '리더' 또는 '리더십'이라는 단어를 떠올리게 되는 순간을 말한다. 리더로서

배움이 일어나는 찰나이다.

혼자 프로젝트를 진행하면서 고민하던 순간과 새빨갛게 고쳐서 돌아온 보고서를 들여다보던 순간이 나에게는 바로 '리더십의 순간'이었다. 두 상사의 가르침 이후 30년 넘게 연구원, 컨설턴트, 경영자, 경영자 코치로 일하면서 수많은 리더십의 순간을 목격할 수 있었다.

이러한 경험을 코칭 고객이나 주변의 후배들하고만 나누기에는 아쉬움이 많았다. 더 많은 사람과 이야기를 공유하고 싶어 내가 목격한 리더십의 순간을 담은 글을 꾸준히 써왔고 이렇게 책으로 만들게 되었다.

책에 등장하는 사례는 내 경험을 바탕으로 새롭게 각색되었다. 그렇지만 일터의 현장에서 누구나 공감하고 경험할 수 있는 사례들로 조직을 이루는 리더와 구성원 모두에게 낯설지 않은 이야기일 것이다. 아직 경험해보지 못한 이야기라면 당신이 리더가 되었을 때 이 이야기들을 바탕으로 리더의 일이란 무엇이며 어떻게 만들어가야 하는지 조금의 도움이라도 될 수 있기를 바라본다.

항상 일과 회사가 먼저였던 남편과 아빠를 이해해준 아내 연수, 딸 지우와 희우, 사위 정민에게 고마움을 전한다. 이제 딸들도 직장인이 되었으니 아빠를 더 이해할 수 있지 않을까 기대해 본다. 공대를 나와 회사만 다닌 경영자가 글을 쓰기 시작하고 책까지 낼 수 있게 만들어준 강진 작가와 글쓰기 도반들께도 감사드린다. 그분들의 칭찬과 조언, 격려가 없었다면 이 책은 가능하지 않았을 것이다. 보잘것없는 글의 출간을 과감하게 결정하고 멋진 책으로 만들어준 인플루엔셜 출판사업부와 문태진 대표께도 감사드린다.

마지막으로 철없는 신입사원이 경영자가 되고 경영자 코치가 될 때까지 무한한 인내심으로 일을 맡기고 기다리고, 가르치고, 리더로 만들어주신 상사, 동료와 고객 들께 감사드린다. 이 책에 사례로 등장한 분도 있고 그렇지 않은 분도 있지만 모두 내 마음의 '리더'이다.

리더의 일

조직을 일하게 만드는 리더는 무엇이 다른가

초판 1쇄 2023년 9월 25일
초판 2쇄 2023년 10월 5일

지은이 │ 박찬구

발행인 │ 문태진
본부장 │ 서금선
책임편집 │ 임은선   편집 2팀 │ 이보람 원지연

기획편집팀 │ 한성수 임선아 허문선 최지인 이준환 송현경 이은지 유진영 장서원
마케팅팀 │ 김동준 이재성 박병국 문무현 김윤희 김은지 이지현 조용환
디자인팀 │ 김현철 손성규   저작권팀 │ 정선주
경영지원팀 │ 노강희 윤현성 정헌준 조샘 조희연 서희은 김기현
강연팀 │ 장진항 조은빛 강유정 신유리 김수연

펴낸곳 │ (주)인플루엔셜
출판신고 │ 2012년 5월 18일 제300-2012-1043호
주소 │ (06619) 서울특별시 서초구 서초대로 398 BnK디지털타워 11층
전화 │ 02)720-1034(기획편집) 02)720-1024(마케팅) 02)720-1042(강연섭외)
팩스 │ 02)720-1043   전자우편 │ books@influential.co.kr
홈페이지 │ www.influential.co.kr

ⓒ 박찬구, 2023

ISBN 979-11-6834-133-3 (03320)